# Gente y lugares


## Autores del programa

**Dra. Candy Dawson Boyd**
St. Mary's College
Moraga, California

**Dra. Geneva Gay**
University of Washington
Seattle, Washington

**Rita Geiger**
Norman Public Schools
Norman, Oklahoma

**Dr. James B. Kracht**
Texas A&M University
College Station, Texas

**Dra. Valerie Ooka Pang**
San Diego State University
San Diego, California

**Dr. C. Frederick Risinger**
Indiana University
Bloomington, Indiana

**Sara Miranda Sanchez**
Albuquerque Public Schools
Albuquerque, Nuevo México

## Asesores

**Dr. Roberto Calderón**
University of North Texas
Denton, Texas

**Dra. Eva Midobuche**
Arizona State University
Tempe, Arizona

**Dr. Aníbal Yáñez Chávez**
California State University
San Marcos
San Marcos, California

## Colaboradores

**Dra. Carol Berkin**
The City University of New York
Nueva York, Nueva York

**Lee A. Chase**
Chesterfield County Public Schools
Chesterfield County, Virginia

**Dr. Jim Cummins**
University of Toronto
Toronto, Canadá

**Dr. Allen D. Glenn**
University of Washington
Seattle, Washington

**Dra. Carole L. Hahn**
Emory University
Atlanta, Georgia

**Dra. M. Gail Hickey**
Indiana University-Purdue
University
Fort Wayne, Indiana

**Dra. Bonnie Meszaros**
University of Delaware
Newark, Delaware



**Oficinas editoriales:** Glenview, Illinois • Parsippany, Nueva Jersey • Nueva York, Nueva York
**Oficinas de ventas:** Parsippany, Nueva Jersey • Duluth, Georgia • Glenview, Illinois • Coppell, Texas • Ontario, California

**www.estudiossocialessf.com**

## Asesores de contenido

**Catherine Deans-Barrett**
Especialista en historia del mundo
Northbrook, Illinois

**Dr. Michael Frassetto**
Académico independiente
Chicago, Illinois

**Dr. Gerald Greenfield**
University of Wisconsin, Parkside
Kenosha, Wisconsin

**Dr. Frederick Hoxie**
University of Illinois
Champaign, Illinois

**Dra. Cheryl Johnson-Odim**
Columbia College
Chicago, Illinois

**Dr. Michael Khodarkovsky**
University of Chicago
Chicago, Illinois

**Robert Moffet**
Especialista en historia de los Estados Unidos
Northbrook, Illinois

**Dr. Ralph Nichols**
University of Chicago
Chicago, Illinois

## Asesora bilingüe

**Irma Gómez-Torres**
Austin Independent School District
Austin, Texas

## Revisores

**San Juanita Arcaute Bermea**
Geraldine Palmer Elementary School
Pharr, Texas

**Delia Carrillo**
Sanborn Elementary School
Amarillo, Texas

**Margarita Casero**
Miami-Dade County Public Schools
Miami, Florida

**Hortencia Chaparro**
Red Sands Elementary School
El Paso, Texas

**Karla Marie Garza**
José de Escandón Elementary School
La Joya, Texas

**Yesenia Garza**
Reed-Mock Elementary School
San Juan, Texas

**Liz Morales Quintela**
Pease Elementary School
Odessa, Texas

**María D. Morán**
Ed White Elementary School
Houston, Texas

**Carlos J. Osorio**
West Chicago Middle School # 33
West Chicago, Illinois

**Marina Ruiz Sattler**
Glenoaks Elementary School
San Antonio, Texas

**Hilda Rivera**
Aurora East Schools District 131
Aurora, Illinois

**Luis A. Rivera**
Aurora East Schools District 131
Aurora, Illinois

**Lisette Samalot-Martínez**
Springfield Public Schools
Springfield, Massachusetts

**María Luisa Vara**
Arminta St. Elementary School
North Hollywood, California

**Juan Carlos Vargas**
Carroll Academy
Houston, Texas

**Irma Zúñiga**
José de Escandón Elementary School
La Joya, Texas

ISBNs: 0-328-02068-0
0-328-01921-6



6 7 8 9 10 V057 11 10 09

# Contenido

## Manual de estudios sociales



## Unidad 1

## El lugar donde vivimos

## Unidad 2

## Nuestra Tierra

¡Me llamo Sara!

## Unidad 3

## Trabajamos juntos

¡Me llamo Matt!

## Unidad 4

## Nuestro país ahora

## Unidad 5

## Nuestro país en el pasado

# Unidad 6

## La gente y los lugares en la historia

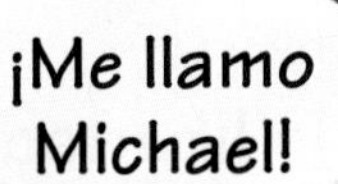


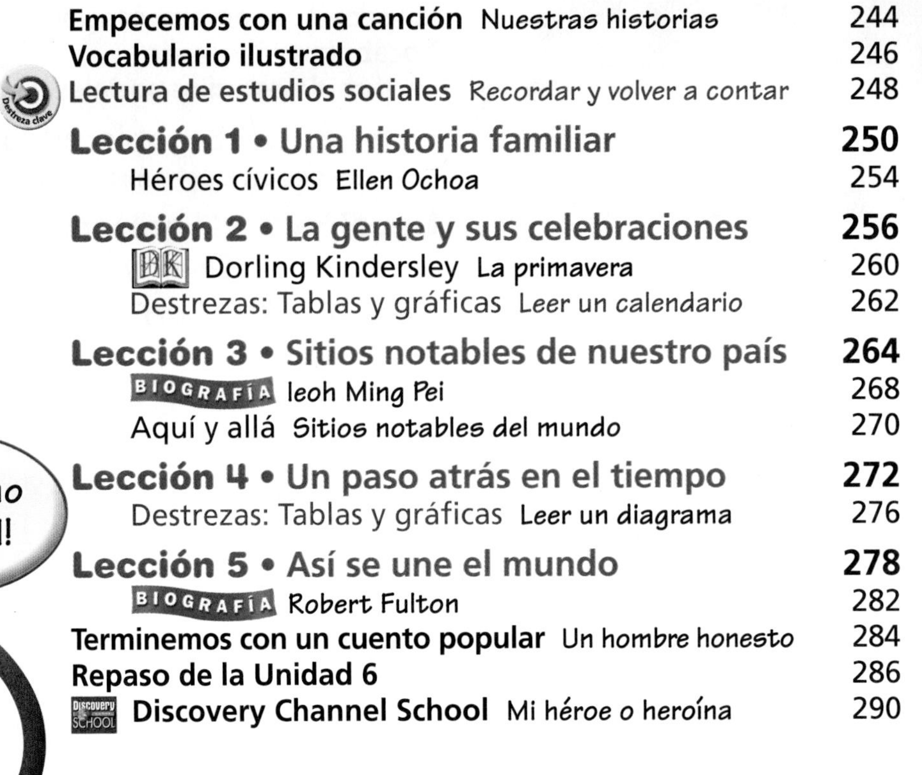



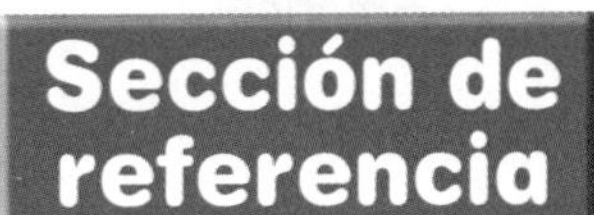

## Sección de referencia

## Biografías

## Mapas



## Destrezas

### Lectura de estudios sociales



### Mapas y globos terráqueos



### Tablas y gráficas



### Destrezas de razonamiento



## Ayer y hoy



## Aquí y allá



## Héroes cívicos

# Vamos a descubrir

Las brillantes luces de colores relampaguean y llenan el oscuro cielo. Se celebra el 4 de julio en todas partes de los Estados Unidos. En la noche, la gente mira fuegos artificiales con familiares, amigos y vecinos. Durante el día, participan en desfiles y hacen picnics en sus vecindarios.

¿Cómo celebran en tu vecindario? ¡Lee las páginas que siguen para descubrir más sobre las celebraciones!

Discovery CHANNEL SCHOOL™

# Destrezas de valores cívicos

Hay muchas maneras de demostrar que tienes valores cívicos. En este libro, vas a conocer personas que demuestran sus valores cívicos ante su comunidad, su estado y su país.

**Respeto** es tratar a los demás como te gustaría que te trataran.

**Bondad** es pensar en lo que sienten los demás y hacer algo bueno por ellos.

**Responsabilidad** es hacer las cosas que debes hacer.

**Justicia** es esperar tu turno y seguir las reglas.

**Honestidad** es devolver lo que no es de nosotros y decir la verdad.

**Valentía** es hacer lo correcto aunque sea difícil.

# Los valores cívicos en acción

Los valores cívicos nos enseñan a tomar buenas decisiones y a solucionar problemas. Estos niños practican los valores cívicos. Mira los pasos que siguen.

## Solucionar problemas

Es hora de ir adentro pero no podemos encontrar una de las pelotas de futbol. ¿Qué podemos hacer?

1. Decir cuál es el problema.
2. Obtener más información sobre el problema.
3. Hacer una lista de soluciones al problema.
4. Hablar sobre la mejor solución.
5. Solucionar el problema.
6. ¿Se solucionó bien el problema?

## Tomar decisiones

Estamos haciendo planes para una fiesta de la clase. ¿Qué deberíamos jugar?

1. Decir qué decisión hay que tomar.
2. Reunir información.
3. Hacer una lista de las opciones.
4. Decir qué pasaría con cada opción.
5. Tomar una decisión.

# Destrezas de valores cívicos

## Texas

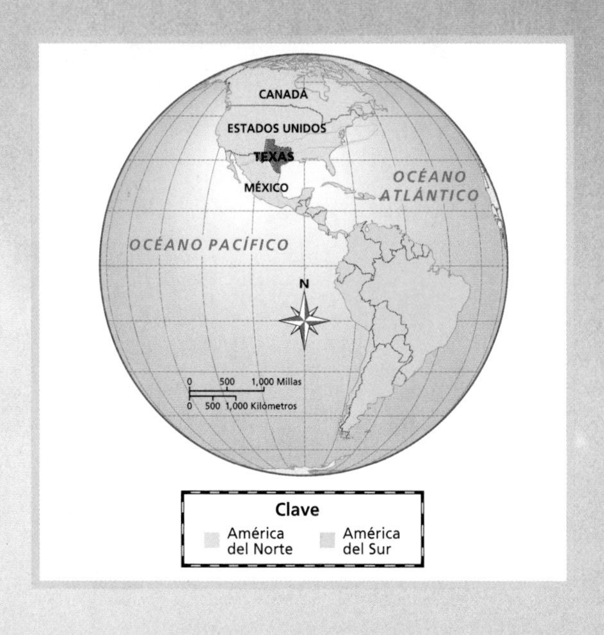


Austin, la capital de Texas, está ubicada en la parte central de Texas. Austin fue nombrada en honor a Stephen Austin. Stephen Austin es llamado con frecuencia el Padre de Texas. Él fundó la primera colonia estadounidense en Texas. En ese entonces, Texas pertenecía a México.

Las historias, las estatuas y las pinturas sirven para ayudarnos a aprender más sobre la historia de Texas y la gente que vive allí.

Esta estatua de bronce de Sam Houston en su caballo está en Hermann Park, Houston, Texas.

Este mural fue pintado en Market Square, la plaza de San Antonio, Texas.

## Cinco cosas en qué pensar

La geografía es el estudio de la Tierra. Este estudio se hace de cinco maneras. Esas maneras son conocidas como los cinco temas de la geografía. Cada tema describe de una manera diferente un mismo lugar. Mira los siguientes ejemplos acerca de este parque.

### Ubicación

Quinta Avenida

Parque de las esculturas

Avenida Sam Houston

El parque está ubicado en la Avenida Sam Houston.

### Lugar

Hay árboles y césped en el parque.

### Movimiento

Algunos niños van al parque caminando o patinando. Otros van en carro o en bicicleta.

## Los lugares y las personas se cambian unos a otros

Los artistas hicieron obras de arte para el parque. Ahora hay cosas bonitas que mirar.

## Región

Este parque se encuentra en una parte de los Estados Unidos donde el clima es cálido durante gran parte del año.

# Destrezas de geografía

## Repaso de mapas y globos terráqueos

### De la Tierra a un globo terráqueo

Nuestra Tierra es como una pelota que flota en el espacio. Esta foto de la Tierra se tomó desde el espacio. El planeta Tierra está hecho de tierra y de agua.

Las áreas que tienen color verde son tierra y se llaman continentes.

Las áreas de color azul son agua y se llaman océanos.

Al modelo de la Tierra se le llama globo terráqueo. Los globos terráqueos muestran los continentes y los océanos de la Tierra. Puedes hacer girar un globo terráqueo y tener una idea de lo lejos que quedan entre sí los siete continentes de la Tierra. También puedes ver lo grandes que son los océanos al hacer girar el globo terráqueo.

Un modelo es una copia pequeña de algo.

# Destrezas de geografía

## Repaso de mapas y globos terráqueos

Los mapas son planos. No son redondos como los globos terráqueos.

### Leer un mapa

No todas las imágenes de la Tierra muestran todo el planeta. La foto de abajo muestra sólo una pequeña parte de la Tierra. Éste es el vecindario de una ciudad visto desde arriba.

Tiene calles, aceras y edificios. A un dibujo de esta foto se le llama mapa. Mira el mapa de la página que sigue.

¿En qué se parecen la foto y el mapa? ¿En qué se diferencian?

A veces necesitamos ayuda para leer un mapa. Un símbolo es una figura, un color o una línea que representa algo. Si sabemos qué representan los símbolos, podemos leer mejor un mapa.

La clave de un mapa es un recuadro que forma parte del mapa. Allí es donde aparecen los símbolos. La clave del mapa también nos muestra qué quieren decir los símbolos.

*¿Qué representan los símbolos del mapa?*

**Clave del mapa**

**Piscina**

**Casa**

**Árbol**

**Calle**

# Destrezas de geografía

## Repaso de mapas y globos terráqueos

### Leer un mapa de historia

Un mapa de historia muestra los lugares y los sucesos que ocurrieron en el pasado. El mapa de abajo muestra el tamaño que tenían los Estados Unidos en 1853. Vemos cuánto creció el país entre los años 1783 y 1853.

**Los Estados Unidos en 1853**

1. ¿En qué dirección crecieron los Estados Unidos?
2. ¿Qué masas de agua bordean a los Estados Unidos?
3. ¿Qué país está al sur del territorio agregado en 1853?

El lugar donde vivimos
UNIDAD
1
New York City
RENO
Savannah
GEORGIA
Washington, D.C.
¿Qué dirías del lugar donde vives?

# ¿Dónde vivimos?

**por Erick Romero Guardado**

**Con la música de "Caballito blanco"**

Entre rascacielos,
miles habitamos.
En el centro urbano
muchos trabajamos.

Pero no vivimos
sólo en ciudades;
también en suburbios
y en áreas rurales.

UNIDAD 1

# Vocabulario ilustrado

ley

votar

comunidad

historia

STOP
¿Qué haremos al recreo?
Jugar futbol
Saltar la cuerda
¡Vote hoy!

área urbana

suburbio

área rural

capital

# Pertenecemos a grupos

Destreza clave

## Usar claves de contexto y de ilustraciones

¡Hola! Me llamo Joanna. Pertenezco a muchos grupos. Un **grupo** es un conjunto de personas o cosas. Las personas en grupo pueden hacer muchas cosas.

Si no sabes lo que quiere decir una palabra, mira las palabras que aparecen cerca para encontrar algunas claves. Estas claves te ayudarán a entender lo que quiere decir la palabra.

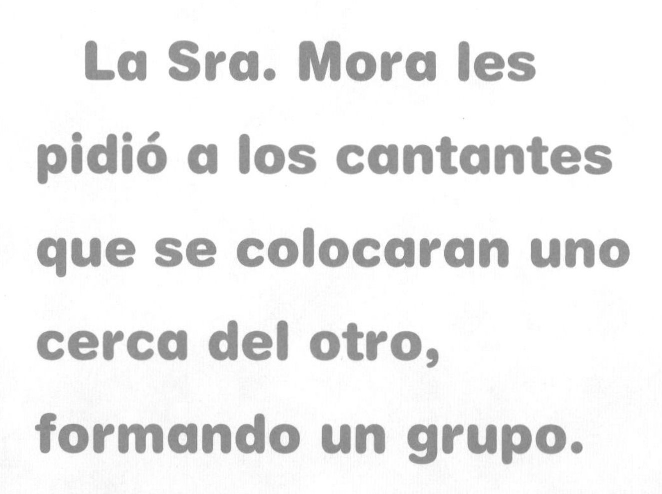
La Sra. Mora les pidió a los cantantes que se colocaran uno cerca del otro, formando un grupo.

Las ilustraciones también te ayudan a entender el significado de una palabra. Mira estas fotos. ¿Cómo te ayudan a comprender lo que quiere decir **grupo?**

## ¡Inténtalo!

Haz un dibujo de dos grupos. Cuenta o escribe qué hacen las personas en cada grupo.

# La vida en un vecindario

Mi casa y mi escuela quedan en mi vecindario. Un vecindario es el lugar donde las personas viven, trabajan, juegan y se ayudan unas a otras. Mira estas fotos de mi vecindario. ¡Es un lugar muy activo! ¿Cómo es tu vecindario?

Tenemos muchas reglas en nuestro vecindario. Las reglas nos dicen qué podemos y qué no podemos hacer. Las reglas nos ayudan a estar fuera de peligro.

Una regla que todos debemos cumplir se llama **ley.** Cuando todos cumplimos las leyes, tenemos un vecindario seguro y limpio.

A menudo, una señal en las calles nos recuerda qué hacer para cumplir con la ley. ¿Qué leyes muestran estas señales?

Algunas personas en nuestro vecindario nos recuerdan cómo cumplir las reglas y las leyes. También nos ayudan a estar fuera de peligro.

Todas las mañanas, tomo el autobús para ir a la escuela. El chofer de nuestro autobús se asegura de que todos estemos en nuestros asientos. Ésta es una regla importante. ¿Qué crees que pasaría si no cumpliéramos esta regla?

En la escuela también tenemos reglas. Nuestro director, el líder de la escuela, decide algunas de esas reglas. Las reglas nos ayudan a trabajar y jugar juntos.

A veces ayudamos a la maestra a decidir sobre algunas reglas para la clase. Hoy votamos por una nueva regla. **Votar** es tomar una decisión acerca de algo. A veces, votamos para cambiar o mejorar una regla.

## ¿Qué aprendiste?

1. Haz una lista de las reglas que sigues en la casa o en la escuela.
2. ¿De qué manera cumplen las leyes las personas de tu vecindario? Explica qué pasaría si la gente no siguiera esas leyes.
3. **Piensa y comenta** ¿Qué quiere decir la palabra *vecindario*? Usa palabras e ilustraciones de la lección para explicar el significado de vecindario.

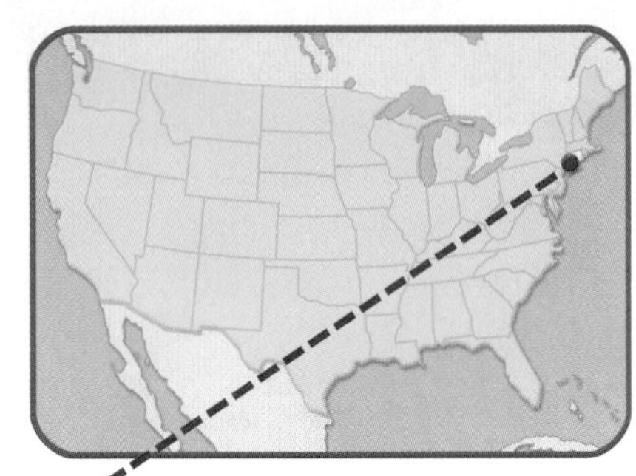

Los clubes Kids Care se fundaron en New Canaan, Connecticut.

# Clubes Kids Care

Los clubes Kids Care comenzaron cuando un grupo de niños decidieron ayudar a un vecino que era anciano, a limpiar el césped con un rastrillo. Algún tiempo después, los mismos niños prepararon almuerzos para un comedor comunitario. Estos niños se sintieron muy bien al poder ayudar a vecinos necesitados.

En la actualidad, más de 25,000 niños forman parte de los clubes Kids Care en los Estados Unidos y el Canadá. Estos niños aprendieron que es importante ayudar a otras personas.

**VALORES CÍVICOS**

- **Bondad**
- Respeto
- Responsabilidad
- Justicia
- Honestidad
- Valentía

Los niños de los clubes Kids Care demuestran su bondad trabajando en proyectos especiales. Algunos clubes recolectaron comida, juguetes y cobijas para gente que había perdido su casa debido a un terremoto. Otro club preparaba bocadillos para que los niños de un refugio comieran antes de dormir.

El club de Kids Care de la Escuela Holmes en Darien, Connecticut, consiguió libros para niños que los necesitaban. Así compartieron su gusto por la lectura con otros niños.

## La bondad en acción

Piensa de qué manera demuestras tu bondad hacia la gente de tu escuela y de tu vecindario.

# Solucionar problemas en la biblioteca

La clase de Joanna leyó en el periódico que la biblioteca de su vecindario tenía un problema. Para ayudar a solucionar el problema, siguieron estos pasos.

**Paso 1** Decir cuál es el problema.

• Noticias Locales •
¡La biblioteca de la comunidad necesita libros!
A los niños les encanta leer

**Paso 2** Obtener más información sobre el problema.

Hablemos con la bibliotecaria.

**Paso 3** Hacer una lista de maneras de solucionar el problema.

- **Traer libros de la casa.**
- **Vender pasteles para comprar libros con el dinero.**
- **Recolectar centavos para comprar libros.**

**Paso 4** ¿Es una manera mejor que otra? Hablar sobre la mejor manera de solucionar el problema.

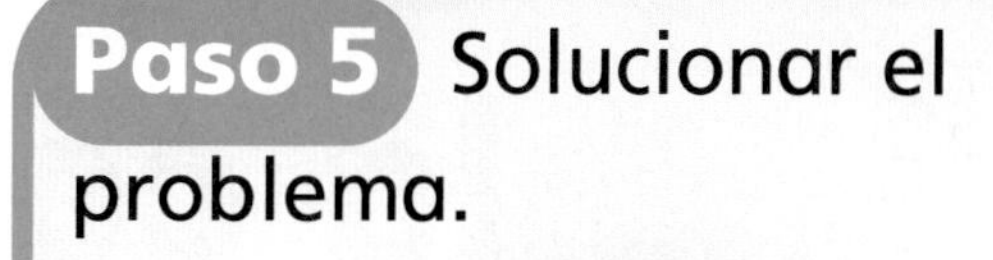

**Paso 5** Solucionar el problema.

**Paso 6** ¿Se solucionó bien el problema?

## ¡Inténtalo!

1. ¿Cómo demostró la clase bondad hacia su comunidad?
2. Escribe los pasos que siguió la clase para solucionar el problema de la biblioteca.
3. **Por tu cuenta** Piensa de qué forma puedes ayudar a tu escuela o a tu vecindario. Escribe tu propio plan de seis pasos.

# Un paseo por la comunidad

El verano pasado, mi amigo Mike vino a visitar a mi familia. Nos quedamos aquí mismo en mi comunidad porque hay muchas cosas que hacer.

Una **comunidad** está formada por muchos vecindarios. Yo vivo en la Ciudad de Nueva York, que es una comunidad muy grande. Fuimos a la Pequeña Italia, al Barrio Chino y al Parque Central. ¿Puedes encontrar estos lugares en mi mapa? Lee mi diario para enterarte de lo que hicimos.

Viernes, 25 de julio

¡Me encanta la comida de la Pequeña Italia! Vimos muchos lugares de comidas que parecían muy sabrosas.

Fue divertido escuchar a la gente de este vecindario hablando italiano. La familia de Mike habla italiano. Él le dijo "Ciao" al mesero que nos atendió. Yo le dije "Hola".

De postre comimos un helado llamado sorbete italiano. Mi sabor favorito es el de limón.

Café en la Pequeña Italia

Sorbete italiano

Sábado, 26 de julio

El Barrio Chino es un vecindario muy activo que queda cerca de la Pequeña Italia. Mi familia y yo venimos aquí a menudo a visitar a nuestros amigos, a comer y a hacer compras. Mike y yo compramos unos dragones de papel muy lindos.

También fuimos a un museo. Ahí aprendimos sobre la cultura, o forma de vida, de los chinoamericanos que viven en la Ciudad de Nueva York y en otras comunidades.

Domingo, 27 de julio

¡Hoy hicimos muchas cosas! Primero caminamos por la Quinta Avenida. Vimos unos edificios muy altos, que se llaman rascacielos. También vimos varios edificios antiguos.

Después fuimos al Parque Central. La gente corría, jugaba beisbol y hacía picnics. Cuando estábamos en el parque, visitamos el zoológico. Nuestra última parada fue en el museo. Al final del día, ¡todos estábamos muy cansados!

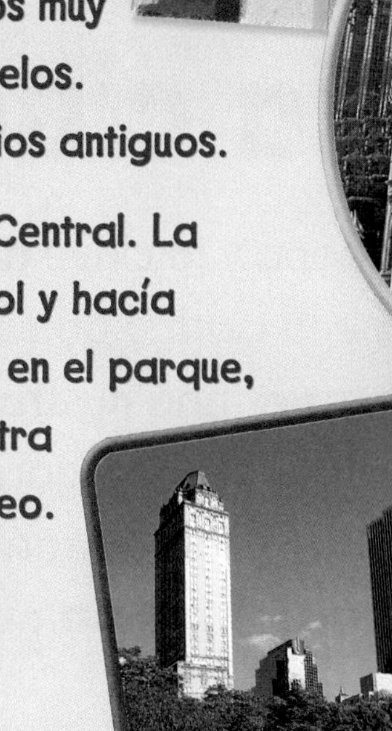

La Quinta Avenida

El Parque Central

## ¿Qué aprendiste?

1. Describe dos vecindarios de la comunidad de Joanna.
2. Haz una lista de las cosas que te gustaría hacer en la Ciudad de Nueva York.
3. **Piensa y comenta** Haz un dibujo de la comunidad de Joanna. Ahora dibuja tu comunidad. ¿En qué se parecen las dos comunidades? ¿En qué se diferencian?

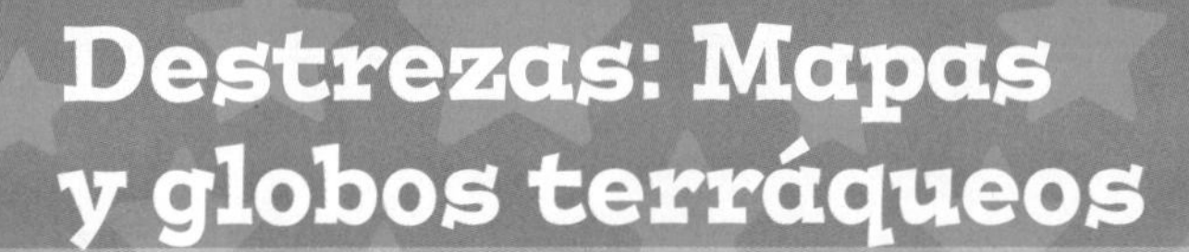



# Leer un mapa de la ciudad

Este mapa y la clave del mapa muestran las partes de la ciudad que Joanna y Mike visitaron. Un **mapa** es una ilustración que muestra dónde están ubicados los lugares. Los **símbolos** son dibujos que representan lo que aparece en el mapa. La **clave del mapa** nos dice qué significan los símbolos del mapa.

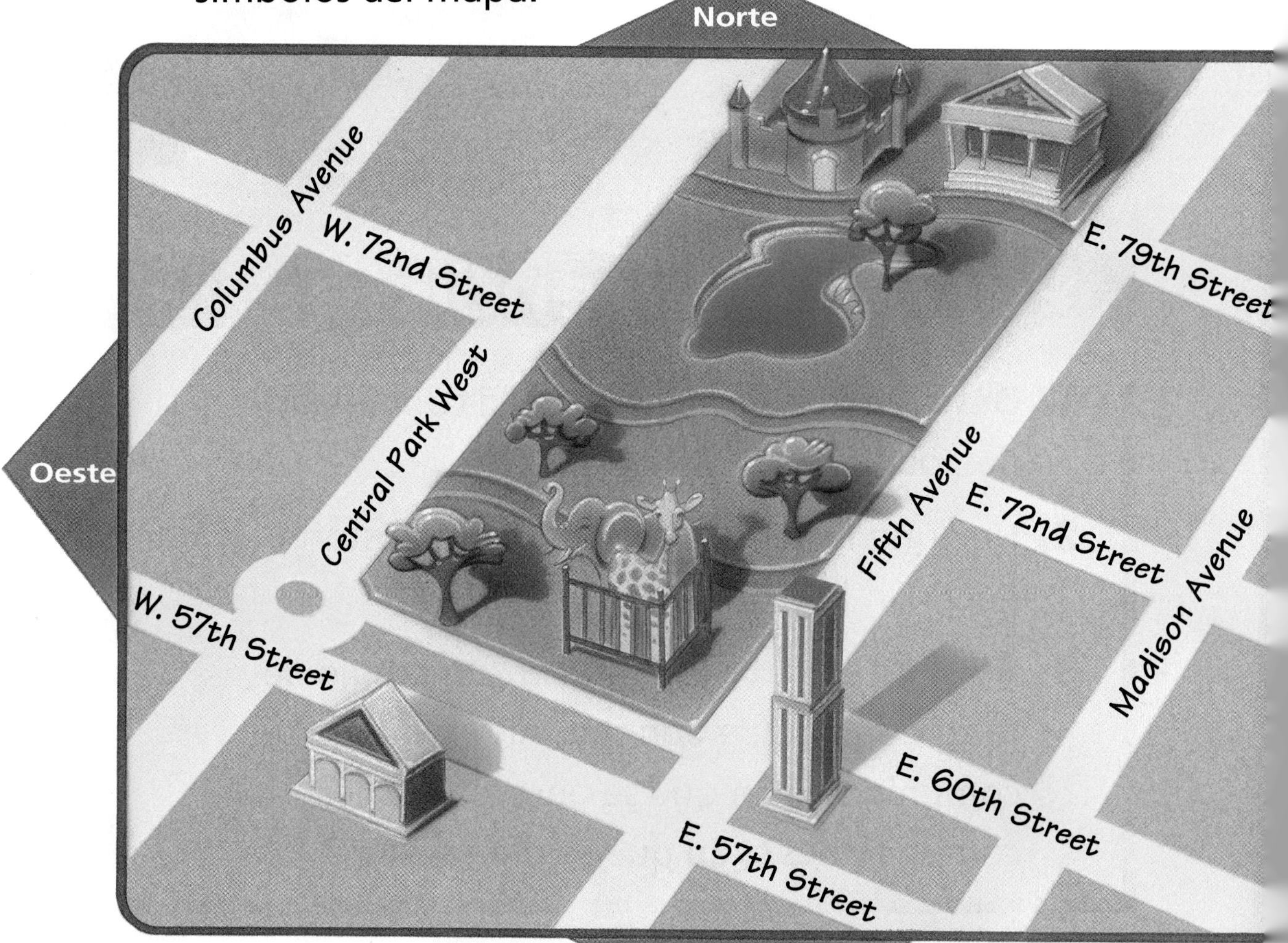

Mira los símbolos en la clave del mapa. Busca el símbolo del zoológico. Ahora, busca el zoológico en el mapa.

Los mapas indican los cuatro puntos cardinales: norte, sur, este y oeste. Busca las flechas que indican el norte y el sur en el mapa. Ahora, busca las flechas que muestran el este y el oeste.

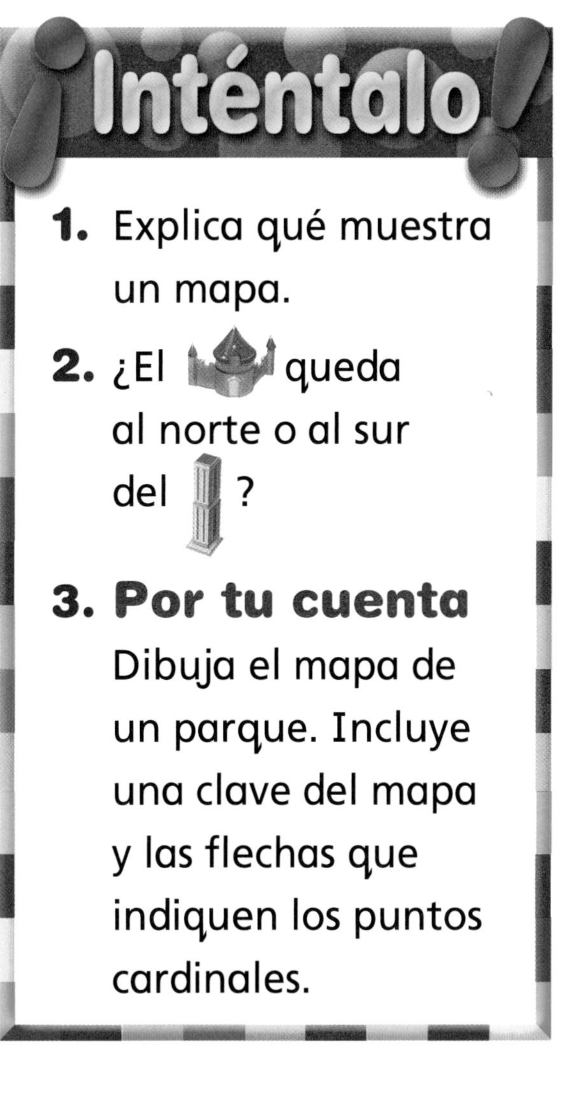

## ¡Inténtalo!

1. Explica qué muestra un mapa.
2. ¿El [castillo] queda al norte o al sur del [rascacielos] ?
3. **Por tu cuenta** Dibuja el mapa de un parque. Incluye una clave del mapa y las flechas que indiquen los puntos cardinales.

Historia viva

# Cómo cambia una comunidad

Mira esta foto de la Ciudad de Nueva York en el pasado. Muestra una parte de la historia de la ciudad. La **historia** cuenta sobre la gente y los lugares del pasado. Algunas fotos te cuentan sobre la historia.

Ciudad de Nueva York: norte de Broadway, desde la calle 45

Esta foto muestra la Ciudad de Nueva York en la actualidad. ¿Qué diferencias hay entre esta foto y la foto que se tomó en el pasado? ¿Qué cambios ves en la ciudad?

## Taller de historia

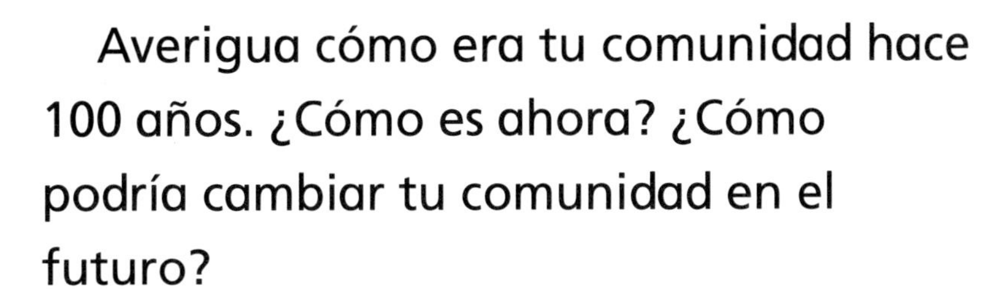

Averigua cómo era tu comunidad hace 100 años. ¿Cómo es ahora? ¿Cómo podría cambiar tu comunidad en el futuro?

Ciudad de Nueva York: norte de Broadway, desde la calle 45

Lección 3

# Comparemos comunidades

Con el tiempo, la Ciudad de Nueva York ha crecido y se ha convertido en una ciudad más activa. Tiene nuevas calles, más edificios y también más habitantes. En las áreas urbanas, como la Ciudad de Nueva York, se ve por las calles mucha gente que va a trabajar, de compras o a visitar museos y parques. Una ciudad es un **área urbana.**

En las comunidades urbanas, muchas personas caminan o viajan en carro. También viajan en tren subterráneo, autobús o taxi.

Mucha gente vive en otro tipo de comunidad llamada suburbio. Un **suburbio** es un área ubicada cerca de una ciudad. Mi amigo Mike vive en un suburbio. ¡Su vecindario es más tranquilo que el mío!

La familia de Mike se fue a vivir a ese suburbio cuando su mamá consiguió un trabajo como directora de una escuela allá. Su papá toma el tren para ir a trabajar a la ciudad. La familia de Mike hace las compras en un centro comercial. Allí, en diferentes tiendas, encuentran todo lo que necesitan.

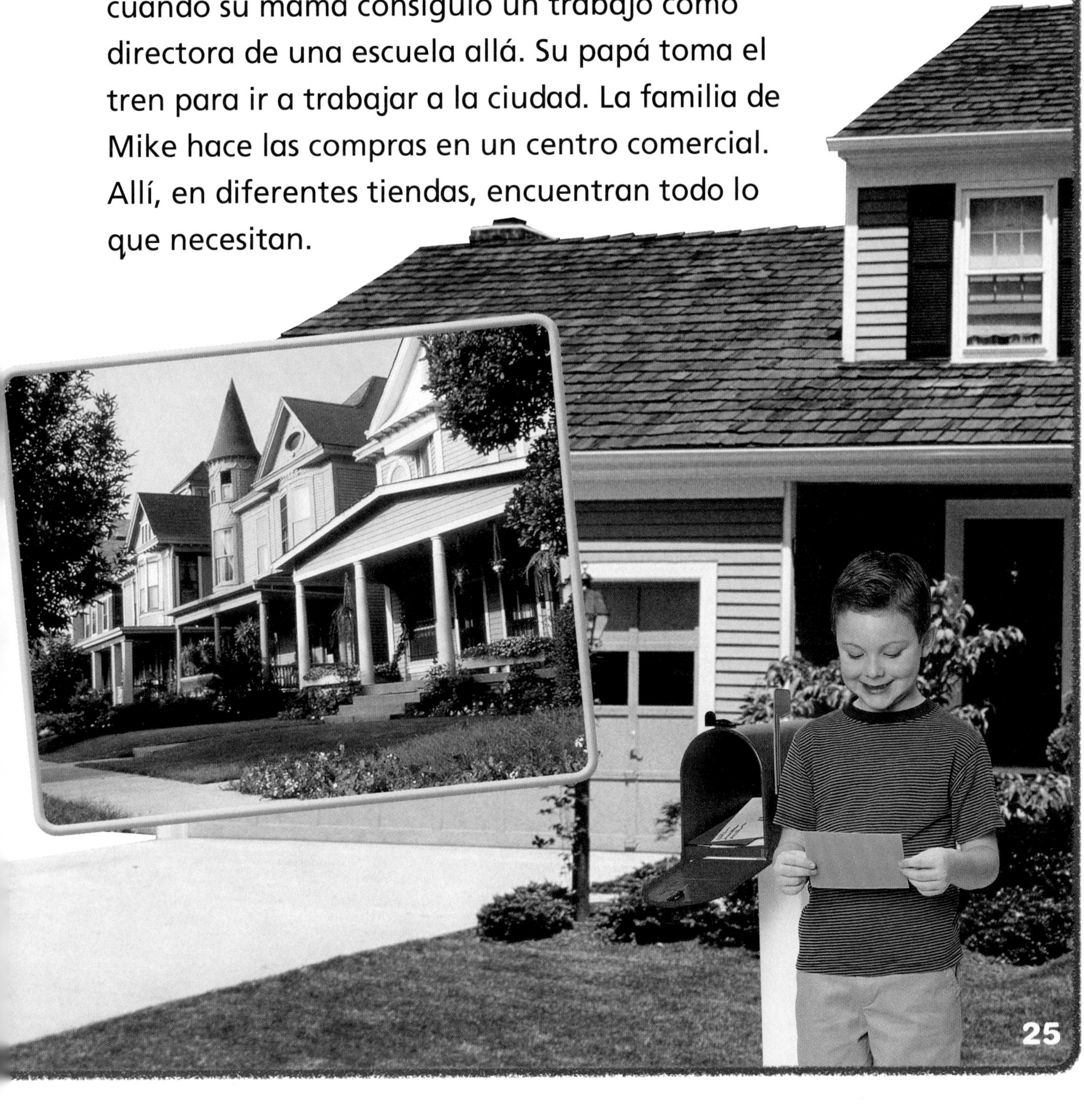

Otras personas viven en áreas rurales. Un **área rural** tiene pequeñas comunidades alejadas unas de otras. Estas pequeñas comunidades, llamadas pueblos, están separadas por grandes terrenos para el cultivo de alimentos y la crianza de animales. Mi prima, Kim, vive en un área rural.

Cuando visité a Kim, viajamos durante mucho tiempo hasta llegar a su pueblo. Vi vacas y caballos en los potreros. También vi puestos de frutas y verduras a la orilla del camino.

Cuando llegamos a la casa de Kim, la ayudé a cepillar y a darle de comer a su caballo. Esa noche, la familia de Kim hizo un gran asado. Fue divertido cocinar la cena al aire libre.

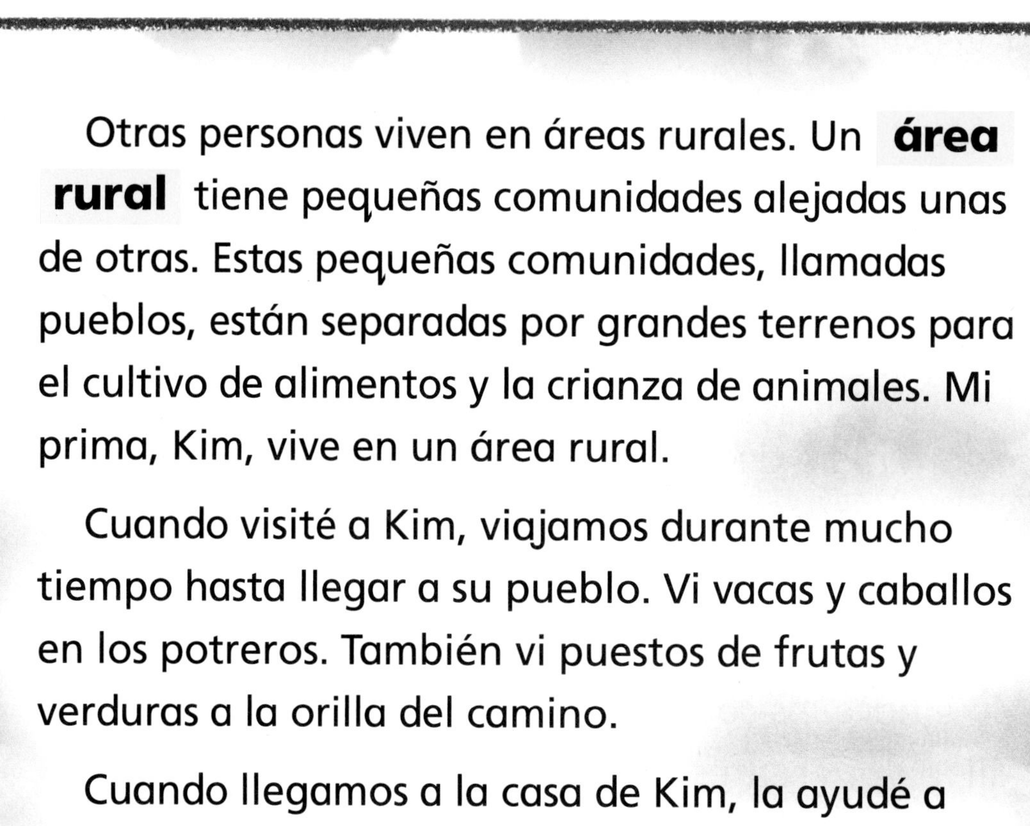

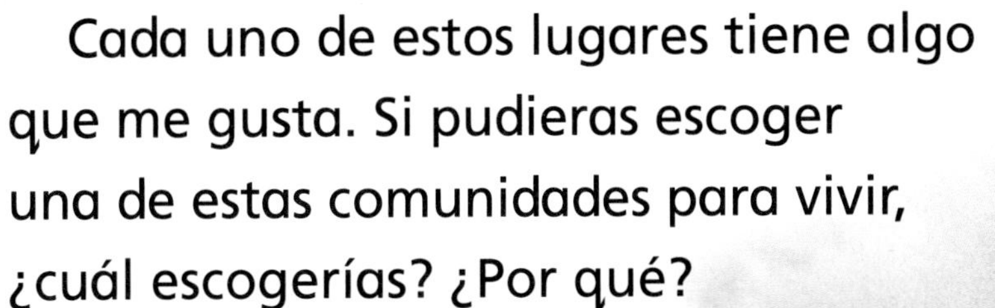

Cada uno de estos lugares tiene algo que me gusta. Si pudieras escoger una de estas comunidades para vivir, ¿cuál escogerías? ¿Por qué?

Comunidad rural

Comunidad urbana

Suburbio

## ¿Qué aprendiste?

1. ¿Qué es un suburbio?
2. Busca la palabra *asado* en la lección. Busca claves en las palabras que aparecen cerca para entender su significado. Usa la palabra *asado* en una oración.
3. **Piensa y comenta** Escoge una de las comunidades sobre las que has leído. Comenta o escribe en qué se diferencia de tu comunidad.

# Conozcamos a Henrietta King

## 1832–1925
## Ranchera y benefactora comunitaria

Henrietta Chamberlain King ayudó a formar uno de los ranchos más grandes de Texas. También donó tierras para establecer una comunidad rural.

Después de casarse, Henrietta y su esposo Richard King se fueron a vivir a un rancho de Texas. Un rancho es un lugar con grandes extensiones de tierra donde se crían vacas y caballos.

Los esposos King tuvieron cinco hijos. La Sra. King ayudó a que las familias de los trabajadores asistieran a la escuela y tuvieran casa. Cuando murió Richard King, la Sra. King se hizo cargo del rancho. Logró que el rancho King tuviera una extensión muy grande.

La Sra. King donó terrenos para los trabajadores que construían el ferrocarril. Donó también otros terrenos para establecer nuevos pueblos a lo largo de las vías del tren. Un pueblo fue nombrado Kingsville, en honor a su esposo, Richard King. A medida que el pueblo crecía, la Sra. King ayudaba a construir iglesias y escuelas.

En la actualidad, mucha gente visita el rancho King en Texas. Henrietta King es recordada como ranchera y persona preocupada por la tierra y por el bienestar de la gente.

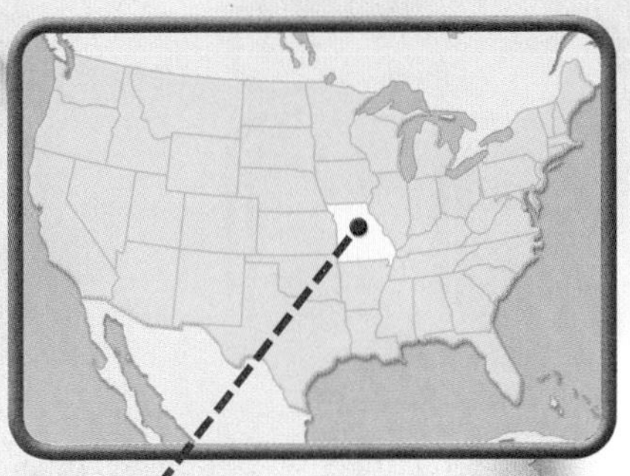

Henrietta Chamberlain King nació en Boonville, Missouri.

Edificio del rancho King

Henrietta King

## Piensa y comenta

¿Cómo ayudó Henrietta King a formar la comunidad de Kingsville, Texas?

Para más información, visita *Personajes de la historia* en **www.estudiossocialessf.com.**

# Nuestro estado y nuestro país

En clase, estamos aprendiendo acerca de los cincuenta estados que forman parte de nuestro país, los Estados Unidos de América. Yo escribí un informe sobre Texas, el lugar donde vivió Henrietta King.

En mi informe, escribí un poema sobre Texas. Le coloqué los símbolos, o dibujos, que representan a este estado.

## Texas

Este pájaro representa a Texas.

Esta flor la representa también.

Su bandera tiene una sola estrella

y es roja, azul y blanca.

**Texas** es un estado muy grande. Mira sus límites. El límite está señalado por la línea que se dibuja alrededor del estado. Haz una línea alrededor de Texas. ¿Cuáles son los cuatro estados con que limita?

Mira la clave del mapa. Di qué símbolos aparecen en la clave del mapa.

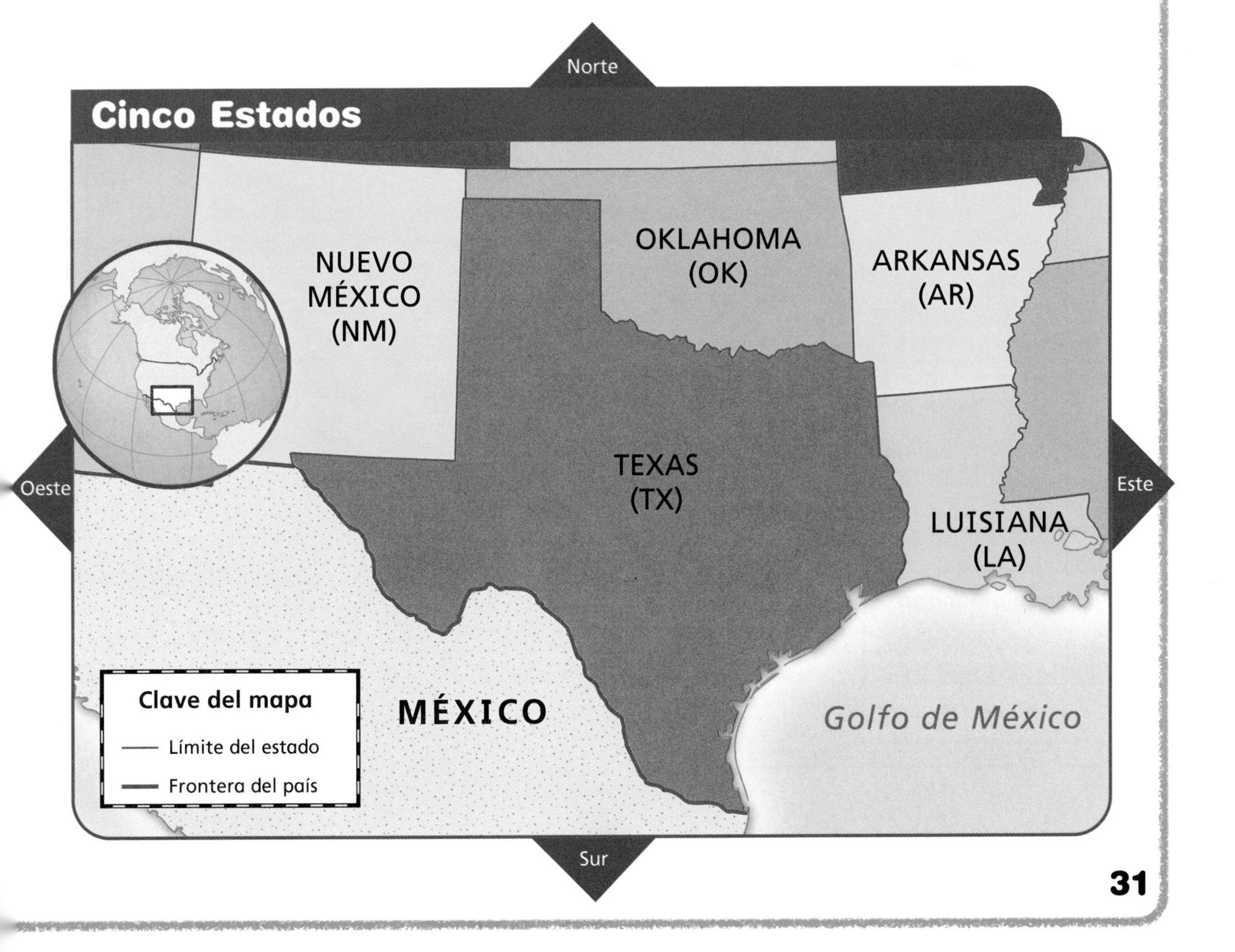

Nuestro país tiene cincuenta estados. Busca tu estado en este mapa. ¿Con qué estados limita tu estado?

El Canadá y México son dos países que tienen frontera con los Estados Unidos. En este mapa, la frontera es el límite entre países. Marca la frontera entre los Estados Unidos y su vecino del sur, México. Marca la frontera entre los Estados Unidos y el Canadá, su vecino del norte.

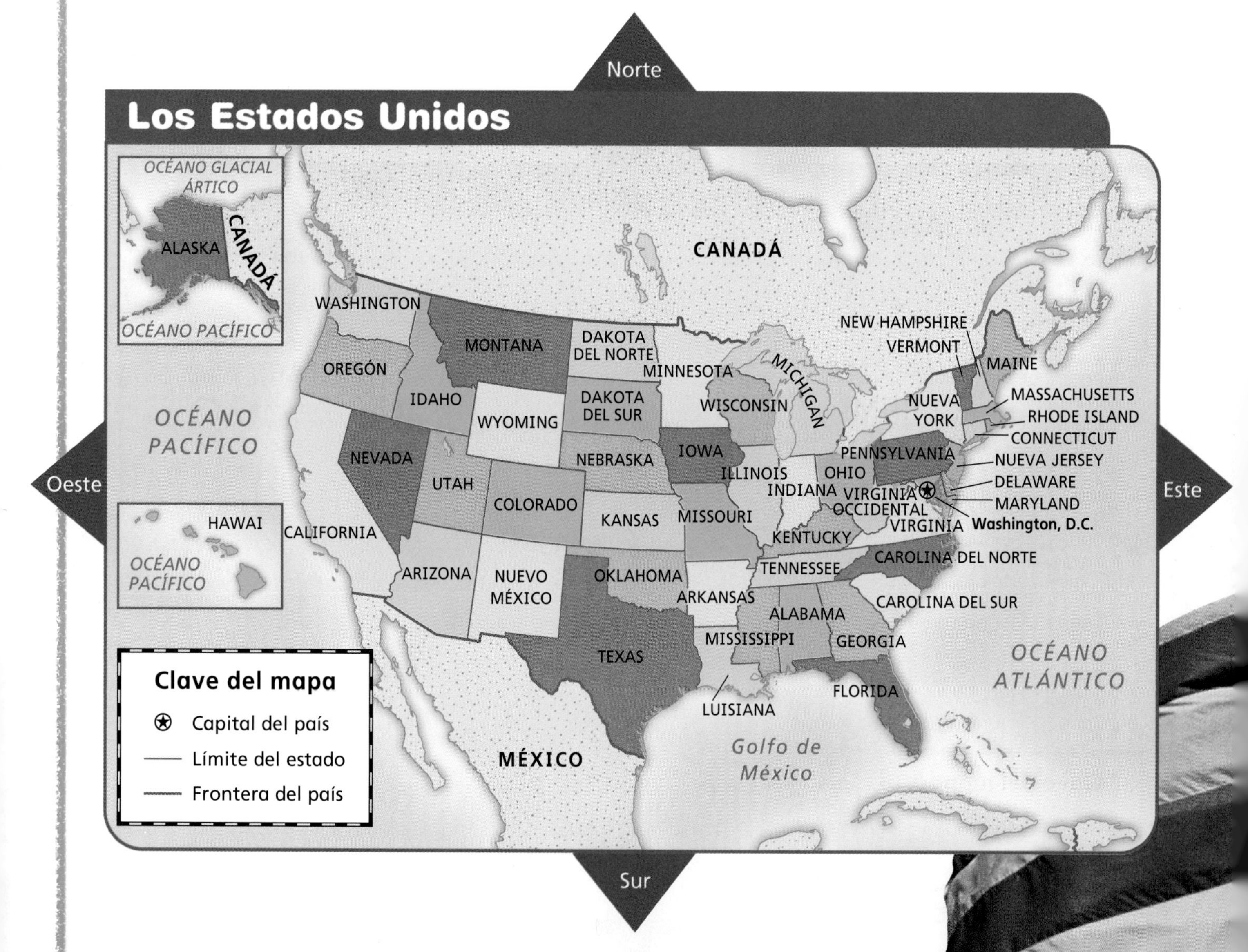

Por mi informe aprendí que Austin es la capital de Texas. Una **capital** es la ciudad donde trabajan los líderes de un estado. ¿Cuál es la capital de tu estado?

Washington, D.C.

Nuestro país también tiene una capital. Es Washington, D.C. Allí es donde vive el presidente, que es el líder de nuestro país. Washington, D.C., es el lugar donde los líderes de todos los estados votan para decidir las leyes de nuestro país. Estos líderes trabajan con el presidente para hacer de los Estados Unidos un mejor lugar donde vivir.

## ¿Qué aprendiste?

1. ¿Cuáles son los dos países que tienen fronteras con los Estados Unidos?
2. ¿Dónde queda la capital de nuestro país?
3. **Piensa y comenta** Dibuja un croquis del mapa de tu estado. Incluye su capital. Alrededor del mapa, dibuja los símbolos que representan a tu estado.

# Conozcamos a Benjamin Banneker

## 1731–1806
## Topógrafo e inventor

Benjamin Banneker vivió durante la época en que George Washington fue presidente. Él ayudó al presidente Washington a diseñar los planos de una nueva capital para nuestra nación.

Benjamin Banneker creció en una granja de Maryland. Su abuela le enseñó a leer. Benjamin también estudiaba matemáticas. Fue a la escuela hasta que tuvo suficiente edad para trabajar en la granja.

De niño, Benjamin Banneker nunca había visto un reloj. Una vez le mostraron un reloj de bolsillo. Él lo examinó y luego construyó un reloj de madera que funcionó correctamente durante muchos años.

El presidente Washington quería construir una nueva capital para nuestra nación. La ciudad se iba a llamar Washington, Distrito de Columbia. Muchas personas trabajaron juntas para construir esta ciudad. Benjamin Banneker formó parte de un grupo de topógrafos. Los topógrafos miden los terrenos. Benjamin Banneker ayudó a medir el terreno de Washington, D.C.

Benjamin Banneker regresó a la granja a escribir un almanaque. Ese calendario, en forma de libro, incluía información sobre el sol, la luna y las estrellas.

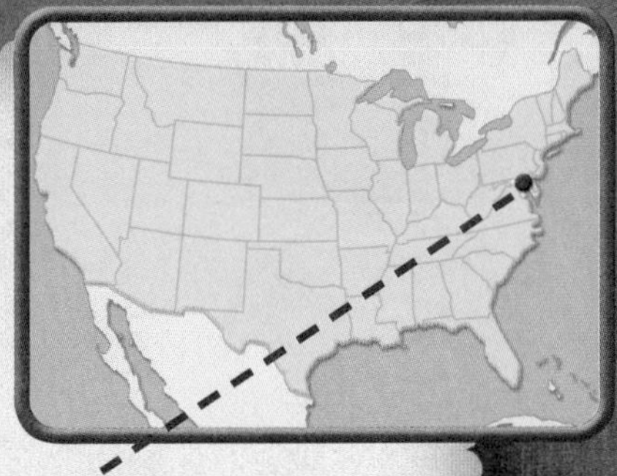

Benjamin Banneker nació cerca de Baltimore, Maryland.

Benjamin Banneker, 1795

## Piensa y comenta

¿Cómo ayudó Benjamin Banneker a construir Washington, D.C., nuestra capital?

Para más información, visita *Personajes de la historia* en **www.estudiossocialessf.com.**

# Nuestro país es parte de nuestro mundo

¿Dónde vives? Hay muchas respuestas a esta pregunta. Mira mi dibujo y verás cómo la contesté yo. ¿Cómo la contestarías tú?

Hay muchas otras formas de decir dónde vivo. ¿Te acuerdas cuando miramos las fronteras que los Estados Unidos tienen con el Canadá y México? Estos tres países son parte de un continente, o gran extensión de tierra, llamado América del Norte.

Un globo terráqueo es un modelo de la Tierra. Mira este globo terráqueo y busca a América del Norte. ¿Cómo se llaman los océanos, o grandes masas de agua salada, que rodean a América del Norte?

¿Dónde vivo? Vivo en un continente llamado América del Norte.
AMÉRICA DEL NORTE
OCÉANO ATLÁNTICO
OCÉANO PACÍFICO

Éste es un mapa del mundo. Aquí puedes ver los continentes y los océanos. También puedes ver el ecuador. El ecuador es una línea que se dibuja en los mapas del mundo y que divide a la Tierra en dos mitades.

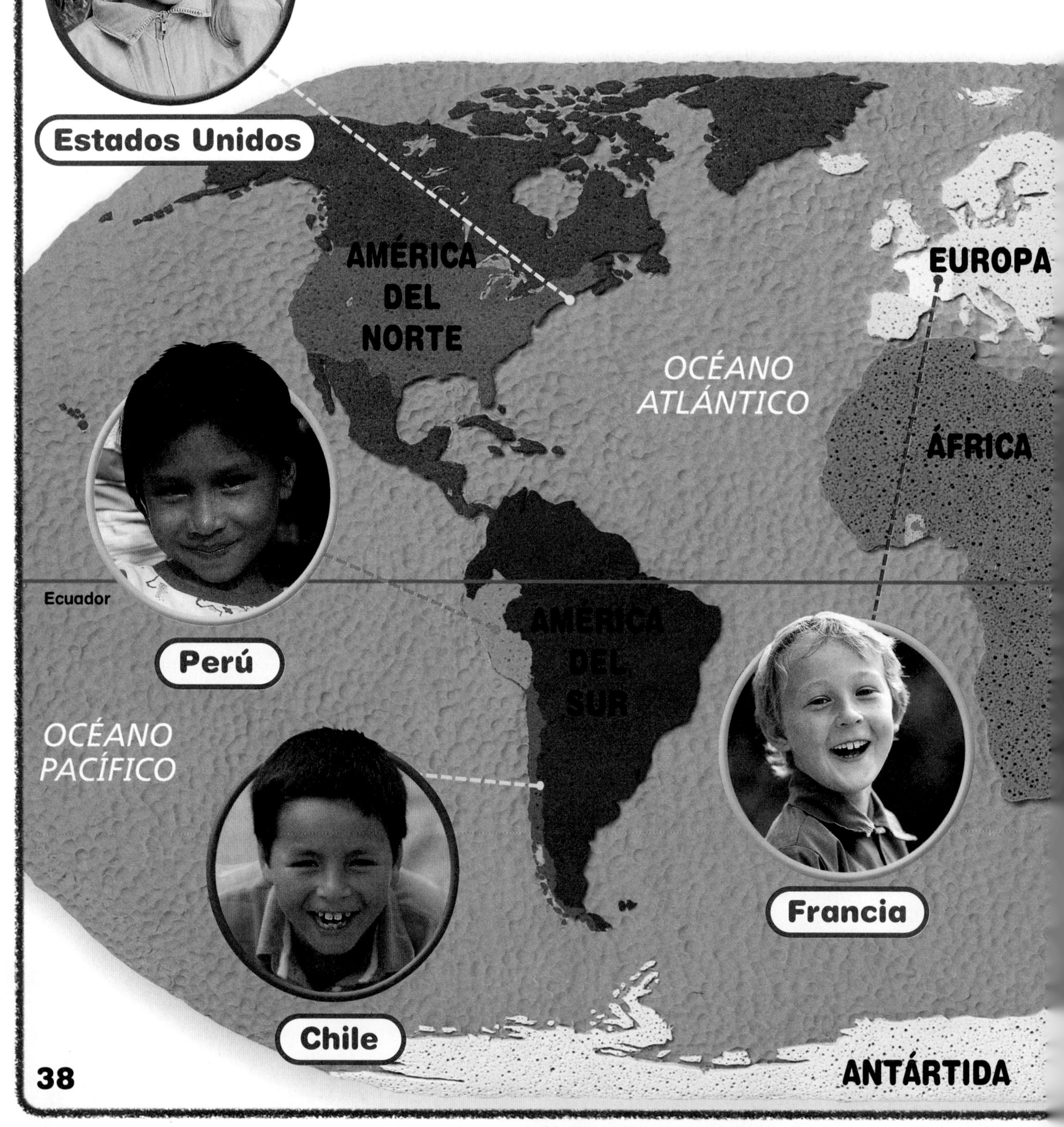

Conoce a algunos niños de otros países del mundo. ¿Qué puedes decir sobre el lugar donde vive cada niño?

## ¿Qué aprendiste?

1. Mira el mapa. Nombra los siete continentes. Nombra los cuatro océanos.
2. Señala la línea del mapa que divide el mundo en dos. Nombra la línea.
3. **Piensa y comenta** Haz un dibujo que muestre el lugar donde vives.

**Óscar**
Bolivia

**Carlitos**
Argentina

# Niños del mundo

**Mohammed**
Egipto

**Tadesse**
Etiopía

En todas partes del mundo, los niños pasan el tiempo haciendo casi las mismas cosas. Les gusta jugar e ir a la escuela. Desean la paz. Piensan que los adultos deben cuidar bien la Tierra. ¿De qué otra manera crees que todos los niños son parecidos? ¿En qué crees que se parecen a ti?

**Aseye**
Ghana

**Esta**
Tanzania

**Sarala**
India

**Yong-Koo y Ji-Koo**
Corea del Sur

**Ngawaiata**
Nueva Zelanda

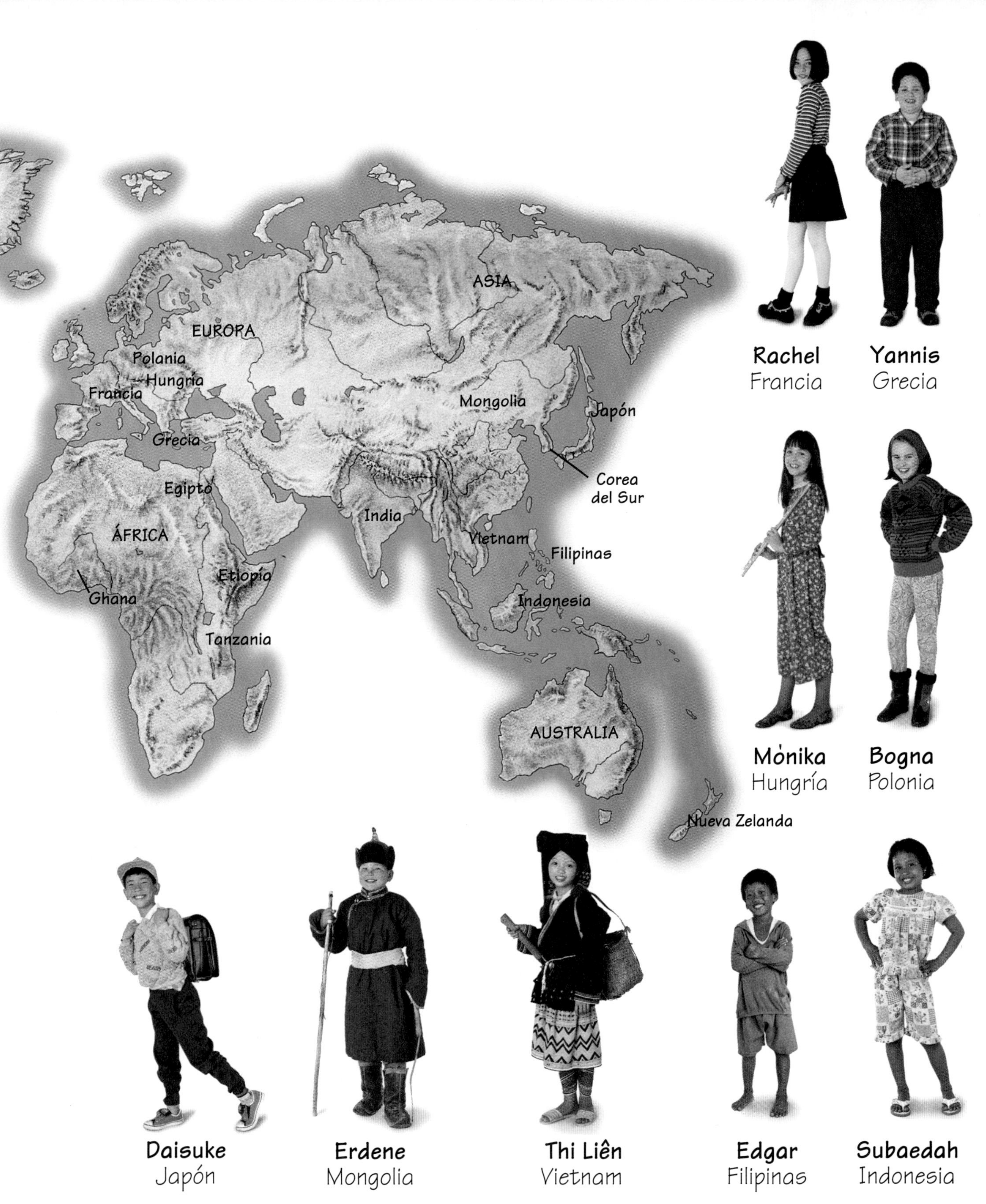
ASIA
EUROPA
Polania
Hungría
Francia
Mongolia
Japón
Grecia
Corea del Sur
Egipto
India
ÁFRICA
Vietnam
Filipinas
Etiopía
Ghana
Indonesia
Tanzania
AUSTRALIA
Nueva Zelanda
Rachel
Francia
Yannis
Grecia
Mónika
Hungría
Bogna
Polonia
Daisuke
Japón
Erdene
Mongolia
Thi Liên
Vietnam
Edgar
Filipinas
Subaedah
Indonesia

# En el campo, en la ciudad

por Charles Wood

Mi mamita hace la comida,
la bebita está dormida.
La llama que se menea
calienta la chimenea.
Las vacas hacen muuu,
los pajaritos, cucú.
Las hojas se mecen en los tallos,
se escucha un tropel de caballos.
Las flores aquí florecen,
los riachuelos crecen.

La gente divertida
camina por la avenida.
Hay bicicletas y carros,
¡hijito, dame la mano!
Los trenes van por su carril,
los buses pasan a mil.
Los niños alborotan,
van a un juego de pelota.

El campo es apacible,
la ciudad es divertida.

UNIDAD 1

# Repaso

## Repaso del vocabulario

comunidad

historia

ley

votar

suburbio

Di qué palabra completa cada oración.

1. Tomas una decisión al ________ .
2. Una regla que todos debemos cumplir se llama ________.
3. Muchos vecindarios forman una ________.
4. Aprendemos sobre la gente y lugares del pasado por la ________ .
5. Una comunidad ubicada cerca de una ciudad es un ________.

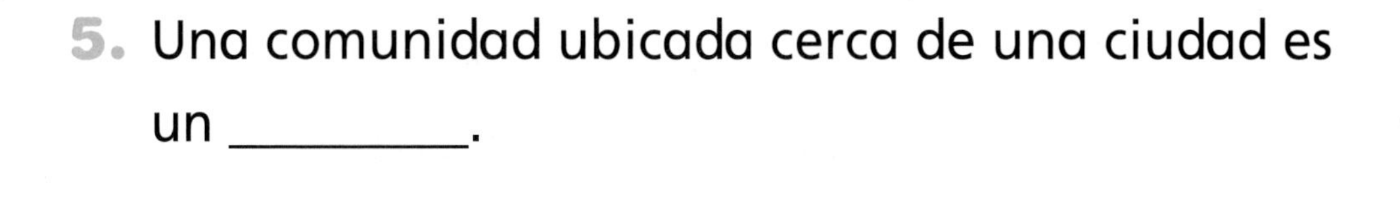

¿Qué palabra completa cada oración?

1. Una ciudad forma un ________.

   **a.** área rural **b.** comunidad

   **c.** área urbana **d.** suburbio

2. Grandes terrenos y pueblos alejados unos de otros forman un área ________.

   **a.** rural **b.** comunidad

   **c.** urbana **d.** capital

# Repaso de las destrezas

## Usar claves de contexto

Lee el pasaje que sigue.

Una capital es la ciudad donde los líderes de un estado trabajan y hacen las leyes. Los líderes de Carolina del Norte trabajan en Raleigh, la capital.

En una oración, di qué significa la palabra *capital*. Si no lo sabes, busca claves en las palabras que están cerca de esa palabra. Así entenderás su significado.

# Solucionar problemas

Piensa en un problema que quieras solucionar. Comenta o escribe sobre él. Usa este plan de seis pasos.

1. Decir cuál es el problema.
2. Obtener más información sobre el problema.
3. Hacer una lista de maneras de solucionar el problema.
4. Hablar sobre la mejor manera de solucionarlo.
5. Solucionar el problema.
6. ¿Se solucionó bien el problema?

## Leer un mapa

Este mapa muestra un tribunal, una biblioteca y otros edificios que probablemente también hay en tu comunidad. Usa la clave del mapa y las flechas de los puntos cardinales como ayuda para contestar estas preguntas.

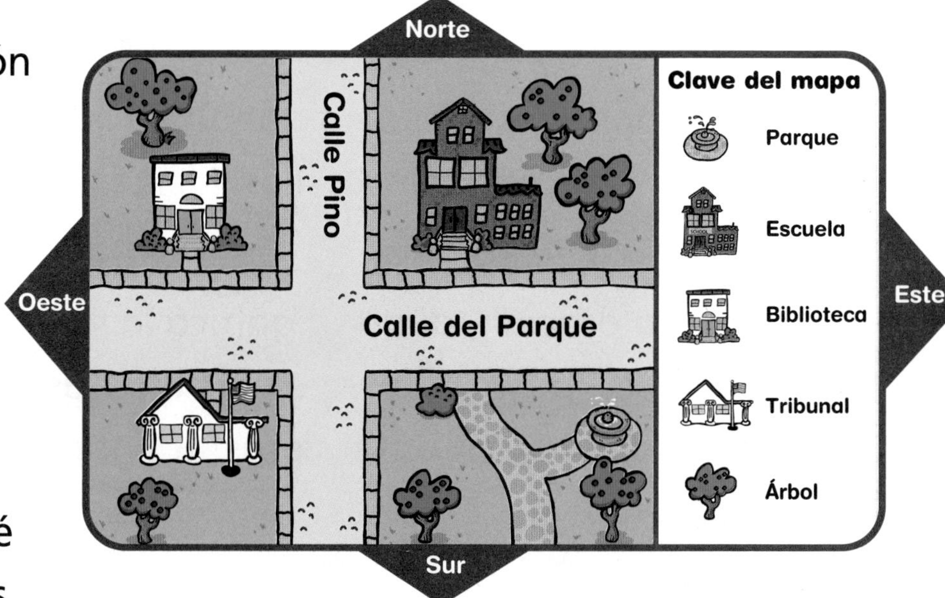


1. ¿En qué dirección caminarías si fueras de la biblioteca al tribunal?
2. ¿Qué calle está frente a [escuela]?
3. Comenta en qué se parecen estos edificios a los que hay en tu comunidad, y en qué se diferencian.

## Destrezas por tu cuenta

Haz un mapa de una comunidad. Incluye una clave del mapa con símbolos que representen una biblioteca, una oficina de correos, un hospital, un tribunal y otros edificios.

# ¿Qué aprendiste?

1. Describe dos vecindarios de tu comunidad.
2. ¿Por qué son importantes las leyes?
3. ¿Qué diferencias hay entre las comunidades urbanas, suburbio y rurales? ¿En qué se parecen?
4. **Escribe y comenta** Habla o escribe acerca del lugar donde vives. Cuenta algo acerca de tu comunidad, tu estado y tu país.

Busca palabras clave en la pregunta.

# Lee acerca del lugar donde vives

Busca libros como éstos en la biblioteca.

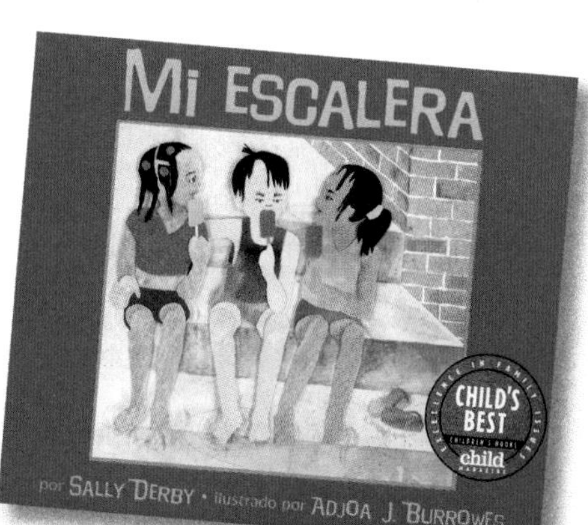

UNIDAD

# Proyecto 1

## Canal de viajes

**Los reporteros de viajes informan sobre lugares para visitar.**

1. **Escoge** un área urbana, suburbana o rural para visitar.
2. **Haz** un folleto de viajes sobre el área que escogiste. Dibuja lo que un visitante pudiera ver o hacer allí.
3. **Escribe** palabras que describan tus dibujos. Cuenta por qué el lugar es un área rural, urbana o suburbana.
4. **Presenta** tu folleto de viajes a la clase. Explica por qué sería agradable visitar el lugar que escogiste.

**Actividad en la Internet**

Visita www.estudiossocialessf.com/actividades para aprender más sobre las comunidades.

# Nuestra Tierra

UNIDAD
2
¿Cómo podemos conservar la belleza de nuestra Tierra?

# Empecemos con una canción

## Conservación

por Julio César Zelaya

Con la música de "Guantanamera"

Practico conservación
porque me importa la Tierra. (bis)

Me gusta limpia la brisa,
me gusta verde la sierra.
Conservación,
practico conservación. (bis)

UNIDAD 2

# Vocabulario ilustrado

geografía

accidente geográfico

antepasado

productor

recurso natural

conservación

# Sara ayuda a las plantas

## Causa y efecto

Destreza clave

¡Hola! Me llamo Sara. Mi familia y yo vivimos en Virginia, en una granja. Cultivamos manzanas. En la escuela estoy aprendiendo a cultivar otras frutas y verduras. Yo estoy a cargo de regar las plantas en mi salón de clase. Las plantas crecen cuando las riego.

Una **causa** es la razón por la que pasa algo.

Un **efecto** es lo que pasa. Una causa es regar una planta. El efecto es que la planta crece.

## ¡Inténtalo!

Escribe las palabras **causa** y **efecto**. Pídele a tu maestro o maestra que oprima el botón para apagar la luz. ¿Qué causó que se apagara la luz? Escríbelo debajo de **causa**. ¿Qué pasó cuando tu maestro o maestra oprimió el botón? Escribe el resultado debajo de **efecto**.

# Entrevista con una geógrafa

**Sara** ¿Qué hace una geógrafa como usted?

**Sra. Bond** Estudio geografía. La **geografía** es el estudio de la Tierra y de cómo la usan las personas.

**Sara** ¿Qué más hace una geógrafa?

**Sra. Bond** Estudio la superficie de la Tierra. La superficie de la Tierra tiene muchas formas. Cada tipo de forma es un **accidente geográfico.** Por ejemplo, una loma es un accidente geográfico. Una loma es una elevación sobre la superficie de la Tierra.

**Sra. Bond**

Una montaña es otro accidente geográfico. Una montaña es la elevación más alta sobre la superficie de la Tierra.

**Sra. Bond**

Esto es una llanura. Una llanura es un terreno grande y plano. Hay muchas granjas en las llanuras.

**Sra. Bond**

Esto es un valle, o un terreno bajo. Los valles se encuentran normalmente entre montañas o lomas.

**Sara**

¿Y qué puede decirme de los terrenos que quedan cerca del agua?

**Sra. Bond**

Una isla es tierra rodeada de agua.

**Sra. Bond**

Una península es tierra que está casi totalmente rodeada de agua.

**Sara**

En la escuela, aprendimos que un océano es una gran masa de agua salada.

**Sra. Bond**

¡Correcto! Las masas de agua también tienen distintas formas y tamaños. Un río es una corriente de agua dulce. Los ríos, por lo general, desembocan en un lago o en un océano.

Río

**Sra. Bond**

Esto es un lago. Es una gran masa de agua rodeada de tierra.

Lago

**Sara**

Muchas gracias por su lección de geografía.

## ¿Qué aprendiste?

1. ¿Qué es la geografía?
2. Nombra un accidente geográfico y una masa de agua. Haz un dibujo de cada uno.

3. **Piensa y comenta** En la cima de las montañas hace frío, por eso la nieve no se derrite. Di cuál es la **causa** y cuál es el **efecto.**

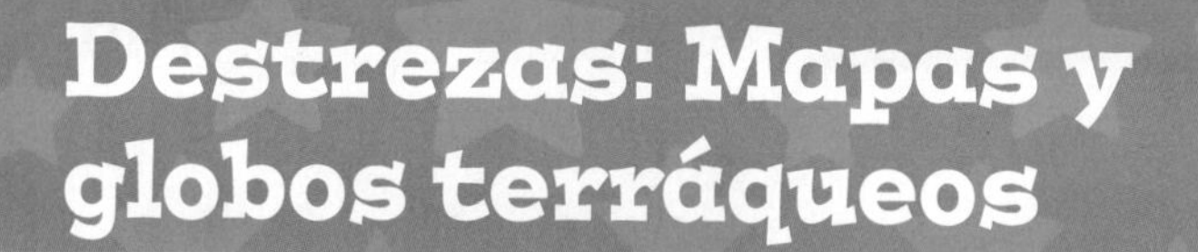


# Accidentes geográficos y agua en mapas

La Sra. Bond le mostró a Sara un mapa de Virginia. Este mapa le servirá a Sara para ubicar diferentes tipos de terreno y masas de agua en el estado donde vive.

## Virginia

Norte
Oeste
Sur
Montes Apalaches
Montañas Blue Ridge
Río James

Mira la clave del mapa. Busca los colores y los símbolos que representan los accidentes geográficos y las masas de agua.

Para más información, visita el *Atlas* en **www.estudiossocialessf.com.**

## ¡Inténtalo!

1. Busca el símbolo de montaña. ¿Qué cadenas de montañas ves en el mapa?
2. ¿En qué masa de agua desemboca el río James?
3. **Por tu cuenta** Dibuja tu propio mapa con tierra y agua. Escoge colores y símbolos que representen una montaña, una loma, un lago y un río.

# Lugares para vivir

En nuestra clase tenemos amigos por correspondencia que viven en tres lugares diferentes. Ven conmigo a conocerlos.

Tucson, Arizona

Juan

¡Hola!

Yo vivo en Tucson, Arizona. Esta ciudad queda cerca de un desierto cálido y seco.

La semana pasada, visité un excelente museo del desierto con mis compañeros. ¿Sabías que muchos animales y plantas viven en el desierto?

Ahí viven conejos, serpientes, y hasta coyotes. Hay cactus de distintas formas y tamaños. El cactus almacena agua que le permite sobrevivir muchos meses en clima seco.

¿Qué clase de plantas y animales hay donde vives tú? Escríbeme pronto.

Juan

P.D. Me gusta montar en bicicleta, jugar beisbol y nadar. ¿Qué cosas te gustan a ti?

Desierto de Sonora

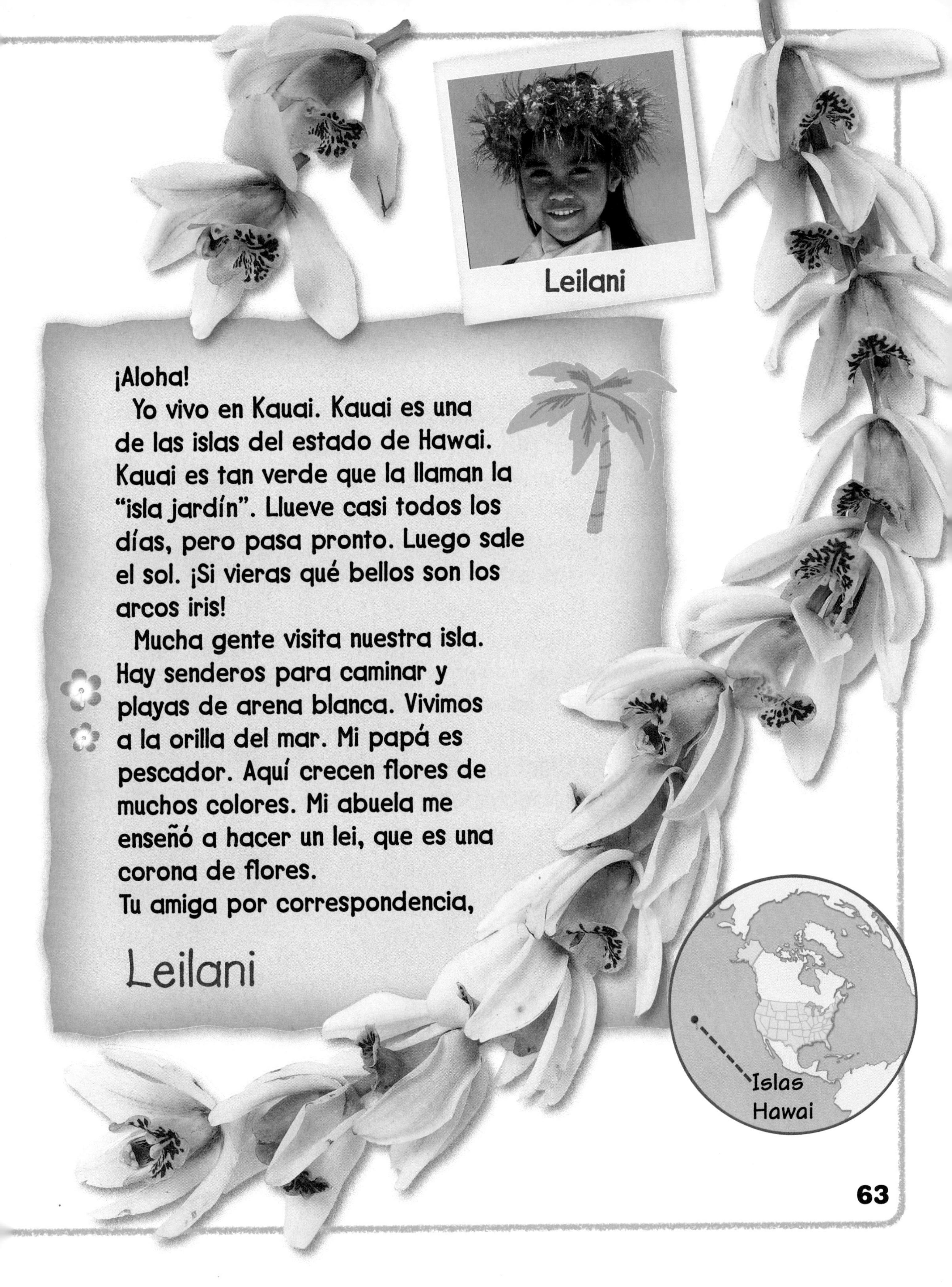


¡Aloha!

Yo vivo en Kauai. Kauai es una de las islas del estado de Hawai. Kauai es tan verde que la llaman la "isla jardín". Llueve casi todos los días, pero pasa pronto. Luego sale el sol. ¡Si vieras qué bellos son los arcos iris!

Mucha gente visita nuestra isla. Hay senderos para caminar y playas de arena blanca. Vivimos a la orilla del mar. Mi papá es pescador. Aquí crecen flores de muchos colores. Mi abuela me enseñó a hacer un lei, que es una corona de flores.

Tu amiga por correspondencia,

Leilani

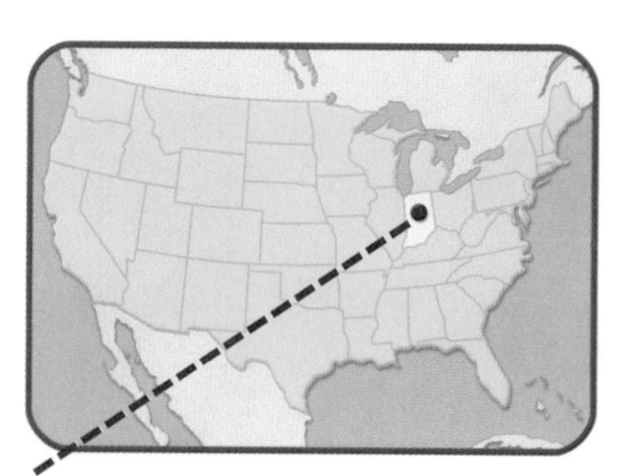

Matt

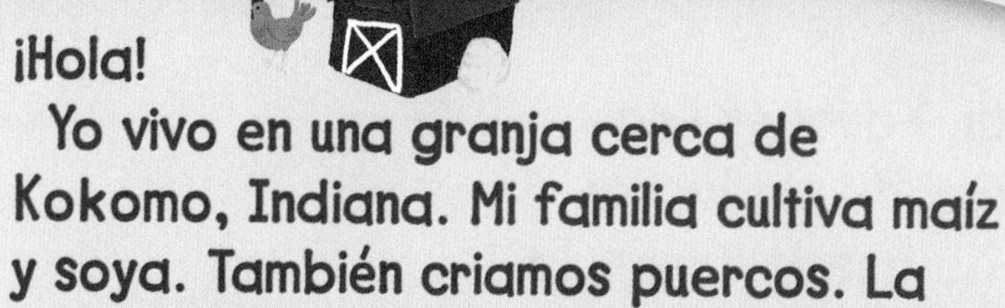

¡Hola!

Yo vivo en una granja cerca de Kokomo, Indiana. Mi familia cultiva maíz y soya. También criamos puercos. La vida en una granja es más tranquila que la vida en un pueblo. No hay tanto tráfico. Las casas están más distantes unas de otras. Tenemos quehaceres en la mañana y en la tarde.

Recién volvimos de la Feria Estatal de Indiana. Es una de las ferias más antiguas de los Estados Unidos. Montamos en la rueda de Chicago y comimos *corn dogs*. El mejor momento fue cuando el puerco que llevó mi hermano, ganó una cinta azul.

Escribe pronto.

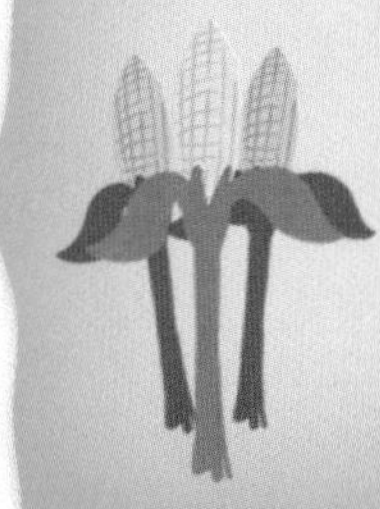

**Matt**

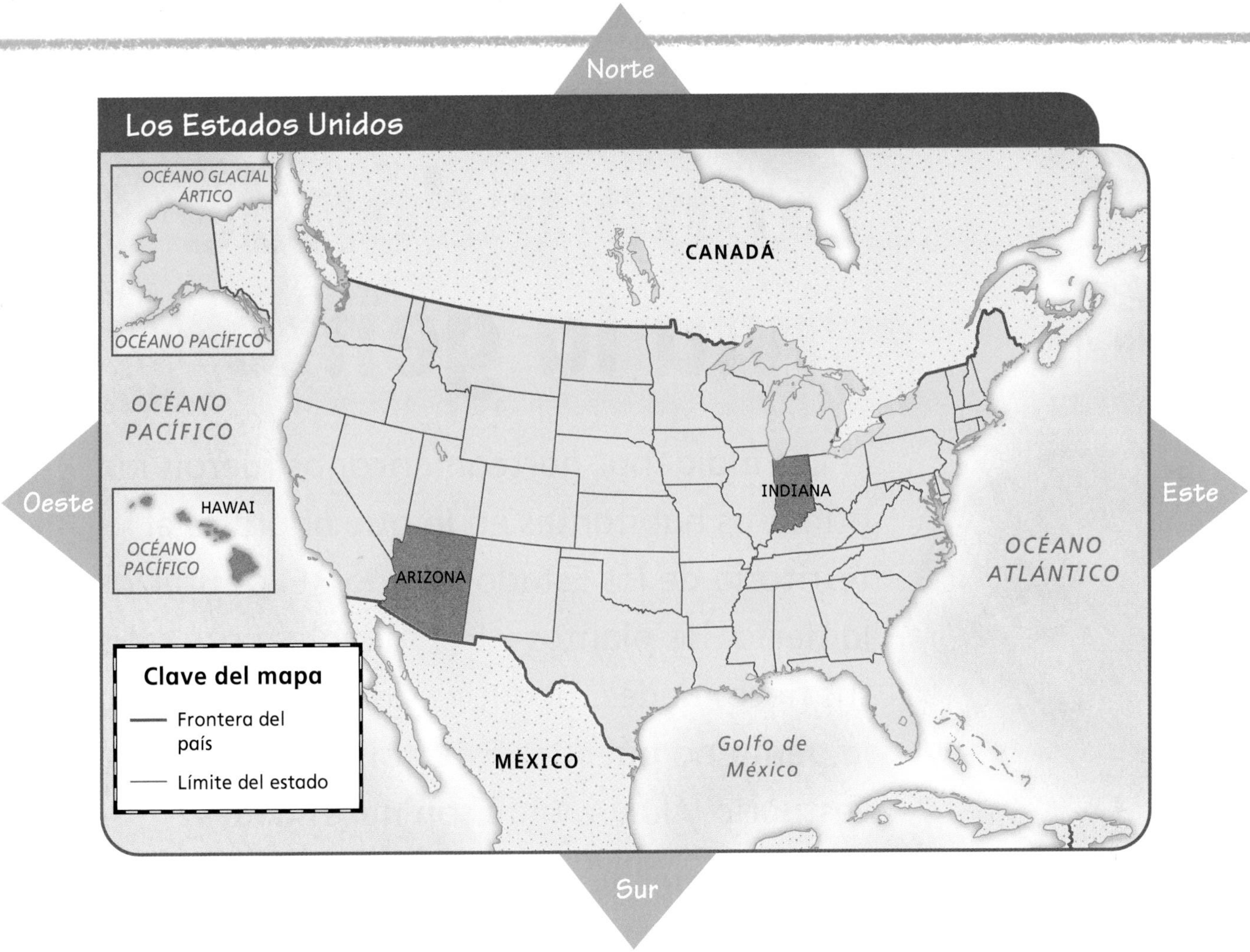

Norte

## Los Estados Unidos

OCÉANO GLACIAL ÁRTICO
OCÉANO PACÍFICO
CANADÁ
OCÉANO PACÍFICO
HAWAI
OCÉANO PACÍFICO
Oeste
INDIANA
ARIZONA
Este
OCÉANO ATLÁNTICO
MÉXICO
Golfo de México

**Clave del mapa**
Frontera del país
Límite del estado

Sur

Estudia el mapa. Busca a Indiana, Arizona y Hawai.

## ¿Qué aprendiste?

1. ¿Cuál de los tres estados de esta lección comparte la frontera con México?
2. ¿Cuál de los estados es un grupo de islas en el océano Pacífico?
3. **Piensa y comenta** Compara el lugar donde vives con una de las comunidades en las que viven los amigos por correspondencia.

Historia viva

# Cómo y dónde vivía la gente

Algunos indígenas norteamericanos fabricaban canoas, o botes angostos, para viajar por los ríos.

Los indígenas norteamericanos fueron los primeros habitantes en lo que ahora es el territorio de los Estados Unidos. Ellos utilizaban la tierra, las plantas y los animales para satisfacer sus necesidades. Una necesidad es algo sin lo cual la gente no puede vivir. La alimentación, el vestuario y la vivienda son necesidades.

Los indígenas norteamericanos vivían en áreas que tenían diferentes tipos de climas. El clima es el tiempo que hace generalmente en un lugar. Los indígenas construían viviendas adecuadas al clima. Para fabricarlas, usaban los materiales que encontraban en la naturaleza.

Muchos de los grupos de indígenas norteamericanos vivían en un área conocida como las Grandes Llanuras. Se les llamó indígenas de las llanuras. Algunos eran agricultores. Ellos planeaban su vida según las estaciones del año. La primavera era el tiempo para cultivar. El otoño era el tiempo para cosechar.

Piel de animal pintada

A veces había tormentas muy fuertes que causaban grandes inundaciones en las llanuras. ¿Qué efecto tendría ese mal tiempo en los cultivos? ¿De qué manera las malas condiciones del tiempo afectan las actividades de los agricultores ahora?

Muchos indígenas de las llanuras dependían de la caza de animales. Usaban la carne para alimentarse y la piel para vestirse. La vivienda de algunos era una especie de tienda llamada tipi.

Hoy la vida ha cambiado para muchos indígenas. Algunos todavía se dedican a la agricultura. Otros viven y trabajan en las ciudades.

## Taller de historia

Dibuja y nombra cosas que los indígenas usaban para satisfacer sus necesidades. Cuenta o escribe sobre lo que tú usas para satisfacer tus necesidades.

Lección 3

# Desde mi huerta para ti

Hace mucho tiempo, mi bisabuelo tenía una pequeña huerta de manzanas. Mi bisabuelo es uno de mis antepasados. Un **antepasado** es una persona de nuestra familia que vivió mucho antes de que nosotros naciéramos. Esta foto muestra a algunos de mis antepasados.

Yo vengo de una familia de productores de manzanas. Un **productor** es alguien que fabrica o cultiva algo. Nosotros usamos y cambiamos la tierra para que nuestras manzanas crezcan sabrosas. ¡Mira lo que hacemos en nuestra huerta para enviarte las manzanas!

Invierno

Los trabajadores podan, o cortan, ramas de los árboles. Esto deja pasar más luz del sol hasta los árboles para que maduren las manzanas. Podar también facilita la cosecha de manzanas.

Primavera

Despejamos parte del terreno para hacer lugar y plantar árboles nuevos. Cortamos las hierbas altas para que no haya insectos dañinos. A veces fumigamos para proteger de los insectos a los árboles y las frutas.

Verano

Irrigamos si no ha llovido lo suficiente. Irrigar quiere decir regar o darle agua a la tierra. La irrigación se puede lograr haciendo zanjas o usando regadores. Cuando regamos la tierra, los cultivos crecen bien. Irrigar es la **causa.** ¿Cuál es el **efecto?**

El otoño es la mejor temporada porque es cuando cosechamos y clasificamos las manzanas. Contratamos trabajadores para cosechar las manzanas a mano. Luego las ponemos en cajas. Después cargamos las cajas en camiones.

Algunos camiones llevan las manzanas frescas a las tiendas o a puestos de venta. Otros camiones llevan las manzanas a fábricas. Ahí, los trabajadores de la fábrica convierten las manzanas en puré, pasteles o jugo. Luego esos productos se envían a tiendas en distintas partes del país.

En la tienda, los trabajadores ponen las manzanas y otros productos derivados de las manzanas en estantes para consumidores como tú y yo. Un **consumidor** es la persona que compra y usa los bienes. Los bienes son cosas que se fabrican o cultivan. ¿Qué otros bienes compran los consumidores en las tiendas?

## ¿Qué aprendiste?

1. ¿Qué hacen los productores y los consumidores?
2. ¿Cómo utiliza o cambia la tierra la familia de Sara? ¿Cómo se utiliza o cambia la tierra en tu comunidad?
3. **Piensa y comenta** Haz dos dibujos, uno que te muestre a ti como productor y otro como consumidor. Muéstrales los dibujos a tus amigos. Explícales que eres productor y consumidor.

# Tiempo de cosechar

**Todos estos objetos nos ayudan a conocer cómo las frutas y las verduras se cultivaban, cosechaban y transportaban en el pasado.**

**Recolectores de manzanas**
Este cuadro se pintó hace unos 60 años. Muestra a un grupo de trabajadores recolectando manzanas y llenando cajas con ellas.

**Por lo que ves en las etiquetas de las cajas, ¿cuáles manzanas comprarías y por qué?**

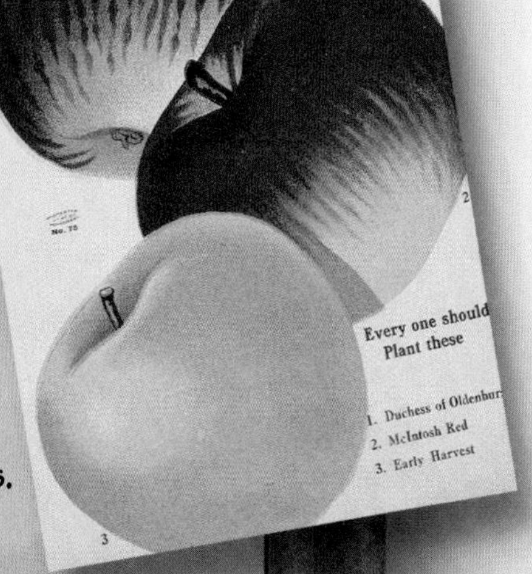


**Catálogo de semillas**
Las semillas podían comprarse por medio de catálogos como éstos. Cada catálogo tenía muchas páginas.

**Paquetes de semillas**
Muchas personas cultivaban sus frutas y verduras con semillas que venían en paquetes pequeños. Algunos paquetes tenían bonitos dibujos hechos por artistas.

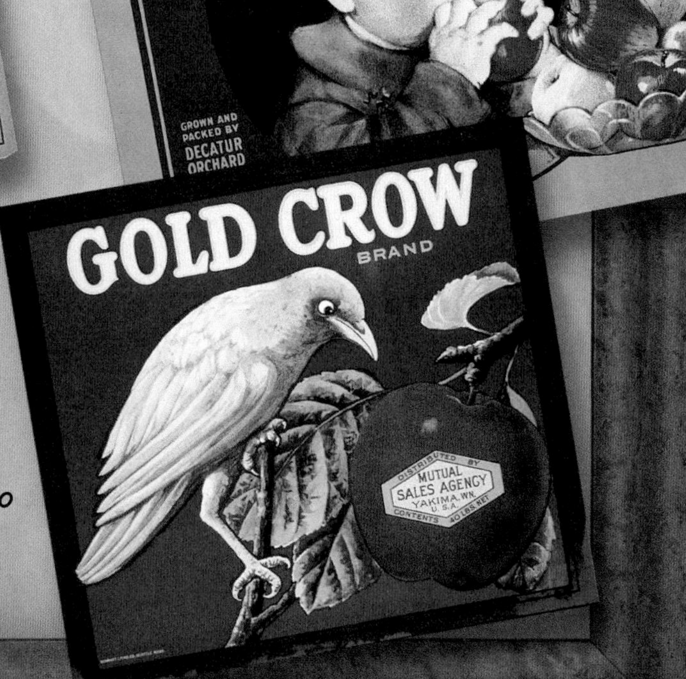


**Etiquetas de las cajas de frutas**
Hace mucho tiempo, las frutas y las verduras se empacaban en cajas de madera para transportarlas. Etiquetas de vivos colores se pegaban en un extremo de las cajas. Estas etiquetas describían lo que había dentro de las cajas.

Estos objetos son del Smithsonian Institution.

# Conozcamos a César Chávez

## 1927–1993
## Líder y organizador

César Chávez fue un gran líder que mejoró la vida de los trabajadores agrícolas. Organizó un grupo que sigue ayudando a los trabajadores del campo.

Para más información, visita *Personajes de la historia* en **www.estudiossocialessf.com.**

De niño, César Chávez vivía en una pequeña granja en Arizona. Cuando César tenía diez años, su familia tuvo que dejar la granja. Sus padres se convirtieron en trabajadores migratorios del campo. Seguían las temporadas de cosechas en California. Ellos cosechaban lo que otros agricultores habían sembrado. Como la familia se mudaba de sitio en sitio, César asistió a más de 30 escuelas.

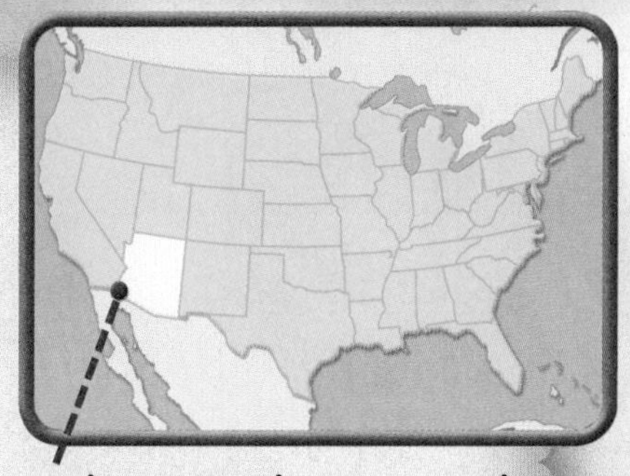
César Chávez nació cerca de Yuma, Arizona.

Después de graduarse de octavo grado, César concluyó su educación y empezó a trabajar en el campo de tiempo completo. La vida de César, igual que la de otros trabajadores migratorios, era muy difícil. Trabajaban largas horas y ganaban poco. Con frecuencia vivían en sus carros o camiones.

Escuela César Chávez en San Francisco, CA

César Chávez quería mejorar las condiciones de vida de los trabajadores agrícolas mexicanos. Empezó a enseñarles a leer y a escribir. Les ayudó a hacerse ciudadanos para poder votar. César organizó a los trabajadores del campo en un grupo que se conoce como *sindicato*. Él fue su líder. Les ayudó a obtener un pago justo y mejores condiciones de trabajo.

## Piensa y comenta

¿Cómo ayudó César Chávez a los agricultores?

Lección 4

# Los recursos de la Tierra

Se llama **recurso natural** a todo material útil que viene de la Tierra. Todo ser vivo depende de los recursos naturales. El aire, el agua, los bosques y la tierra son recursos naturales.

Todas estas cosas vienen de los árboles.

Los agricultores usan recursos naturales para criar animales, como las ovejas. Las ovejas nos dan su lana. Durante el invierno, crece la capa de lana que cubre a la oveja. En la primavera, se corta la lana de la oveja. Por suerte, la lana les vuelve a crecer, tal como crece el cabello.

Esquilando ovejas para obtener lana.

Todas estas cosas se hacen con lana de oveja.

Los agricultores también usan recursos naturales para cultivar la tierra. Se llama **cultivo** a las plantas que la gente siembra para alimento o para otros usos. El trigo es un cultivo que crece en las Grandes Llanuras. La mayor parte del trigo se cultiva para hacer alimentos.

Mira esta mesa. Todos los alimentos que ves aquí se hacen con trigo.

Trigo

En nuestra huerta usamos la tierra, el agua y la luz del sol para producir las manzanas. Yo aprendo a cuidar los manzanos y a plantar otros nuevos. También aprendo a cuidar la tierra y a mantener limpia el agua. ¡Me encanta cultivar manzanas en nuestra huerta!

## ¿Qué aprendiste?

1. ¿Qué es un recurso natural?
2. Nombra tres recursos naturales que sirvan para hacer alimentos, vestidos o viviendas.
3. **Piensa y comenta** Cuenta o escribe acerca de lo que puede pasar si la gente corta árboles y no siembra otros nuevos.

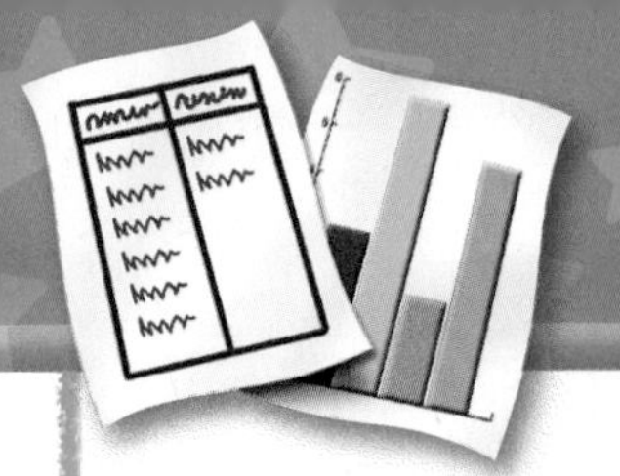



# Leer una gráfica de barras

La clase de Sara hizo una gráfica de barras para comparar varias frutas. Una **gráfica de barras** sirve para comparar cosas. Mira esta gráfica de barras.

El título de la gráfica es "Nuestras frutas favoritas". Busca al lado de cada barra de la gráfica el nombre de la fruta. ¿Qué tipos de frutas les gustan a los niños de la clase de Sara? En la parte de abajo de cada barra aparece el número de niños que prefiere cada fruta. Mira la barra que está al lado de las naranjas. ¿Cuántos niños prefieren las naranjas?

## ¡Inténtalo!

1. ¿Cuál es la fruta favorita en la clase de Sara?
2. Nombra dos frutas que recibieron el mismo número de votos.
3. **Por tu cuenta** Haz una gráfica de barras de otros alimentos que te gusten. Pídeles a tus compañeros que voten por el alimento de tu gráfica que más les guste.

# Cuidemos nuestros recursos naturales

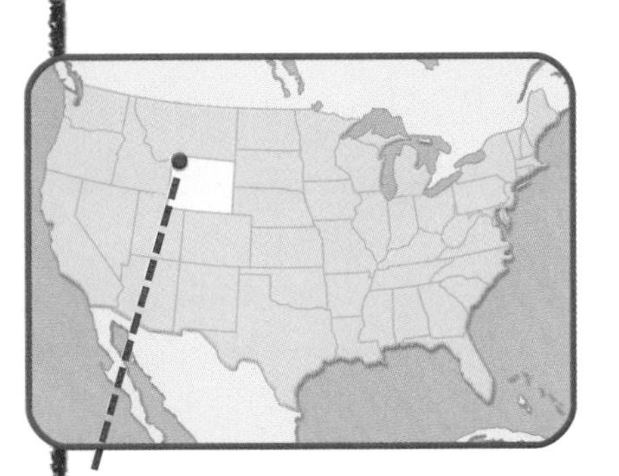

Parque Nacional Yellowstone, Wyoming

El verano pasado, visité el Parque Nacional Yellowstone, en Wyoming. Yellowstone es el parque nacional más antiguo de los Estados Unidos. En los parques nacionales, la conservación es muy importante. La **conservación** es el cuidado y la protección de la tierra, el agua, las plantas, los árboles y los animales. En el parque está prohibido cortar árboles, dejar basura y llevarse plantas o animales.

Manada de bisontes en el Parque Nacional Yellowstone

Cuando sea grande, me gustaría ser guardabosques. Mi trabajo sería proteger las plantas y los animales. Ayudaría a los trabajadores a sembrar nuevos árboles.

Cuando visité Yellowstone, participé en el programa de Jóvenes Guardabosques. Aprendimos importantes reglas del parque. Una de las reglas es no salirse de los senderos. Esto lo hacemos para no perdernos. También lo hacemos para no pisar las plantas ni molestar a los animales. El guardabosques nos recordó que no hay que molestar ni darles de comer a los animal

Guardabosques del Parque Nacional Yellowstone

La huella del oso pardo es el símbolo del programa de Jóvenes Guardabosques.

El primer día, me dieron un periódico para jóvenes guardabosques. En él dibujé la ruta que seguí con mi familia a través del Parque Yellowstone. En mi diario, escribí sobre las cosas que más me gustaron.

Yellowstone tiene más de 300 géisers. Los géisers son fuentes subterráneas que arrojan agua caliente y vapor hacia el aire. ¡Nunca antes había visto nada igual!

Cuando volví de mi viaje, le conté a mi clase que participé en el programa de Jóvenes Guardabosques. Hablamos de las cosas que podemos hacer para proteger y conservar el parque de nuestro vecindario.

No tire basura.
¡Huela las flores, pero no las corte!
Camine por los senderos.
Por favor, no alimente ni moleste a los animales.

## ¿Qué aprendiste?

1. ¿Por qué es importante aprender sobre la conservación?
2. ¿Cuál es el trabajo del guardabosques?
3. **Piensa y comenta** Haz un cartel que muestre cómo puedes ayudar a conservar los recursos de tu comunidad.

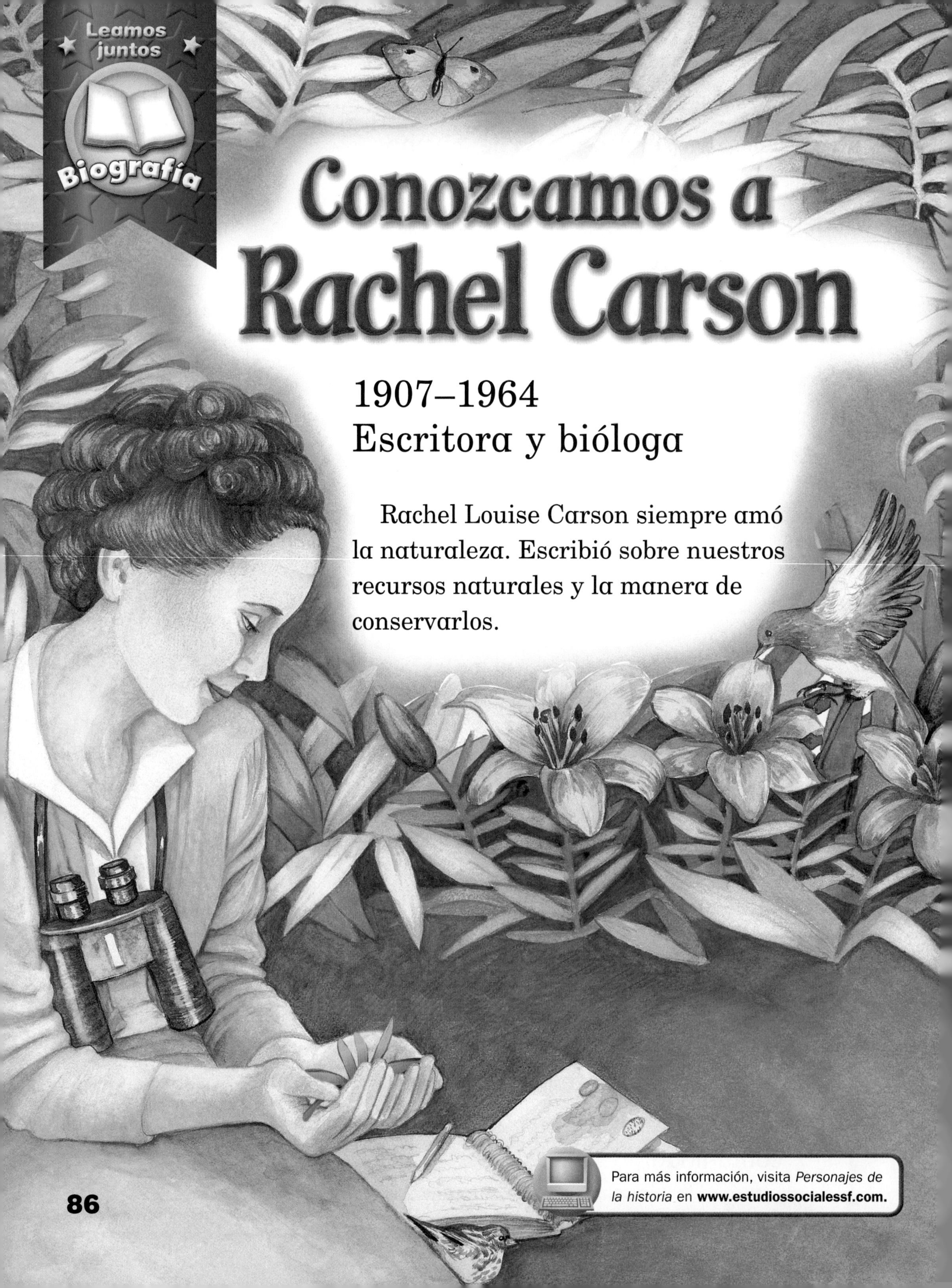


# Conozcamos a Rachel Carson

## 1907–1964
## Escritora y bióloga

Rachel Louise Carson siempre amó la naturaleza. Escribió sobre nuestros recursos naturales y la manera de conservarlos.

Para más información, visita *Personajes de la historia* en **www.estudiossocialessf.com.**

Desde niña, a Rachel le encantaron los libros. Cuando tenía diez años, publicó su primer cuento. Su madre la alentó a escribir y la ayudó a descubrir la naturaleza.

Cuando creció, Rachel no podía decidir si quería ser escritora o bióloga. Una de sus maestras la convenció de que podía ser las dos cosas.

Rachel Carson nació en Springdale, Pennsylvania.

Como bióloga y escritora, Rachel Carson dedicó toda su vida a la conservación de los recursos naturales. Le interesaba especialmente proteger a los pájaros, los peces y otros animales silvestres. Escribió artículos en periódicos y libros para apoyar esa causa. También trabajó para que se aprobaran leyes para proteger los recursos de la Tierra.

Rachel Carson escribió libros para enseñarle a la gente sobre la belleza de la Tierra. Dos de sus libros, *The Sea Around Us* (El mar que nos rodea) y *Silent Spring* (Primavera silenciosa), estuvieron en la lista de los más vendidos. Uno de los artículos que escribió se convirtió en un libro para padres, titulado *The Sense of Wonder* (El sentido de lo maravilloso).

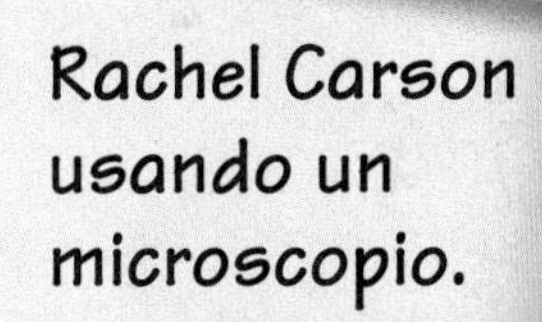

Rachel Carson usando un microscopio.

## Piensa y comenta

Cuenta cómo ayudó Rachel Carson a proteger los recursos de la Tierra.

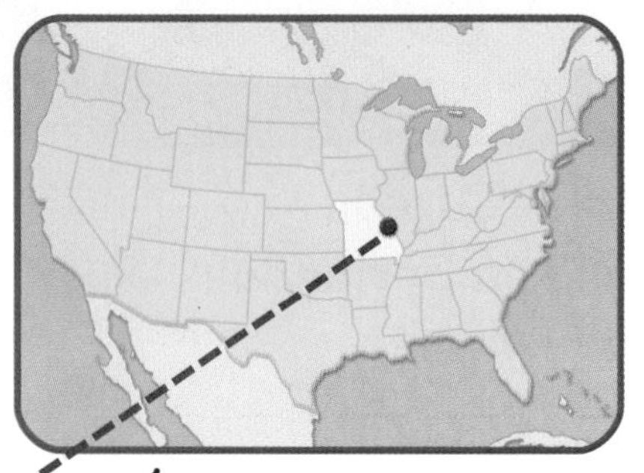

Los Ángeles de la Tierra, del Asentamiento de los Ángeles de la Guardia, están ubicados en San Luis, Missouri.

# Los Ángeles de la Tierra

Los Earth Angels, o Ángeles de la Tierra, son un grupo de niños de San Luis, Missouri. Están a cargo de varios proyectos para proteger los recursos de la Tierra.

En 1999, los Ángeles de la Tierra recibieron el Premio Juvenil de Protección Ambiental de la presidencia. Lo ganaron por construir nidos de madera especiales para pájaros. Esos nidos sirvieron para proteger a los pájaros y darles un lugar donde vivir. Los Ángeles de la Tierra construyeron 100 nidos de madera. Colgaron la mayor parte de los nidos en sus casas o en parques cercanos.

Los Ángeles de la Tierra también han construido hábitats para animales silvestres en la ciudad. Se les llama hábitat a los lugares donde viven las plantas y los animales. Un hábitat puede ser un jardín en una pradera o un jardín de mariposas.

Los Ángeles de la Tierra recaudan el dinero para pagar estos proyectos. Lo obtienen por medio del reciclaje de objetos. También venden botones de los Ángeles de la Tierra.

Este grupo rescata animales y les busca un lugar donde vivir. También plantan árboles en los parques. Son niños que siempre están cumpliendo con su responsabilidad de mejorar el mundo que los rodea.

Plantando un jardín de mariposas

## La responsabilidad en acción

¿Cómo demuestran los Ángeles de la Tierra que son ciudadanos responsables en su comunidad? ¿Cómo puedes ser una persona responsable en tu comunidad?

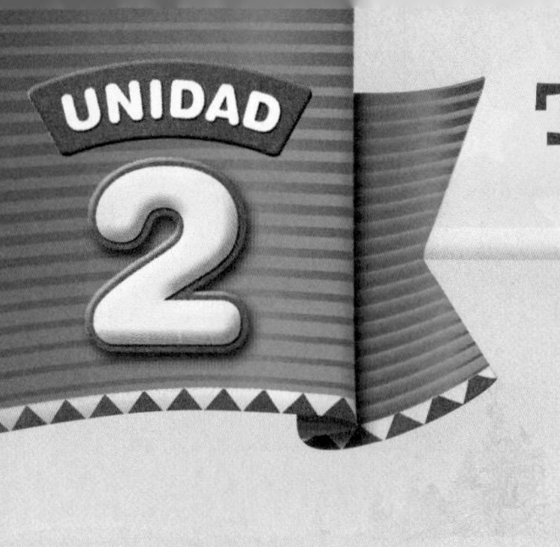




# America, the Beautiful

by Katharine Lee Bates

O beautiful for spacious skies,
For amber waves of grain,
For purple mountain majesties
Above the fruited plain!
America! America!
God shed His grace on thee
And crown thy good with brotherhood
From sea to shining sea.

por Katharine Lee Bates

Qué bellos son tus cielos espaciosos,
las olas ambarinas del trigal,
qué bellos son tus montes majestuosos
ante el prado frutal.
¡América! ¡América!
Dios con su gracia te ha querido coronar
otorgando a los buenos la hermandad,
desde el mar hasta el inmenso mar.

UNIDAD 2

# Repaso

## Repaso del vocabulario

recurso natural

accidente geográfico

geografía

conservación

antepasado

Busca la expresión correcta para cada definición.

1. una forma en la superficie de la Tierra
2. el estudio de la Tierra y las formas en que la usa la gente
3. algo útil que viene de la Tierra
4. una persona de nuestra familia que vivió mucho antes de que nosotros naciéramos
5. el cuidado y la protección de la tierra, el agua, las plantas, los árboles y los animales

¿Qué palabra completa cada oración?

1. Una persona que compra y usa productos es un ________.

   **a.** productor **b.** consumidor

   **c.** geografía **d.** conservación

2. Una persona que fabrica o cultiva algo es un ________.

   **a.** productor **b.** consumidor

   **c.** cultivo **d.** conservación

**En los exámenes**

Busca palabras clave en el texto.

# Repaso de las destrezas

## Causa y efecto

Explica la **causa** y el **efecto** en cada oración.

**1.** Regamos el maíz, por eso creció tan alto.

**2.** No siento frío porque tengo puesto un suéter de lana.

## Accidentes geográficos y agua en mapas

**1.** El río Grande es parte de la frontera entre dos países. ¿Qué países son?

**2.** ¿Qué montañas se ven al oeste del río Mississippi?

**3.** ¿Qué masas de agua se ven entre Canadá y los Estados Unidos en el mapa?

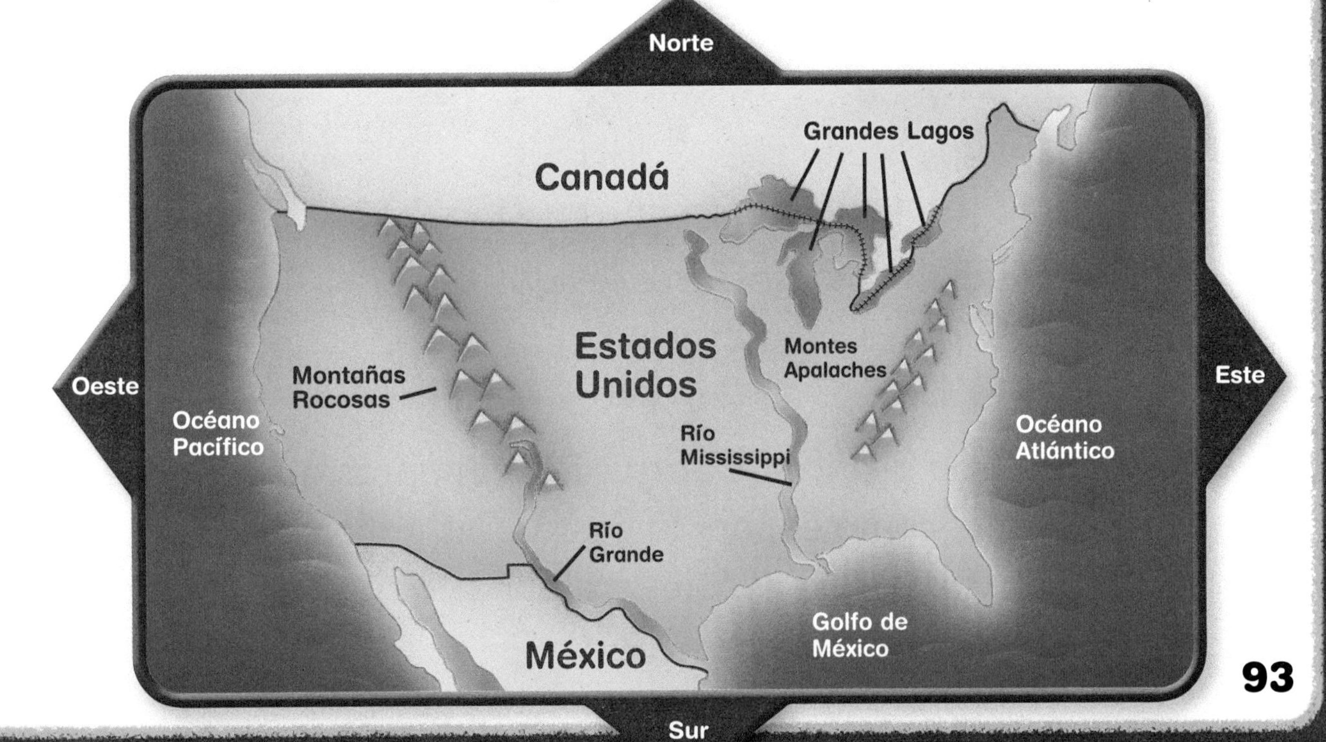

# Repaso de las destrezas

## Leer una gráfica de barras

La clase de Sara votó por sus alimentos favoritos hechos con manzanas. Usa la gráfica de barras para contestar las preguntas.

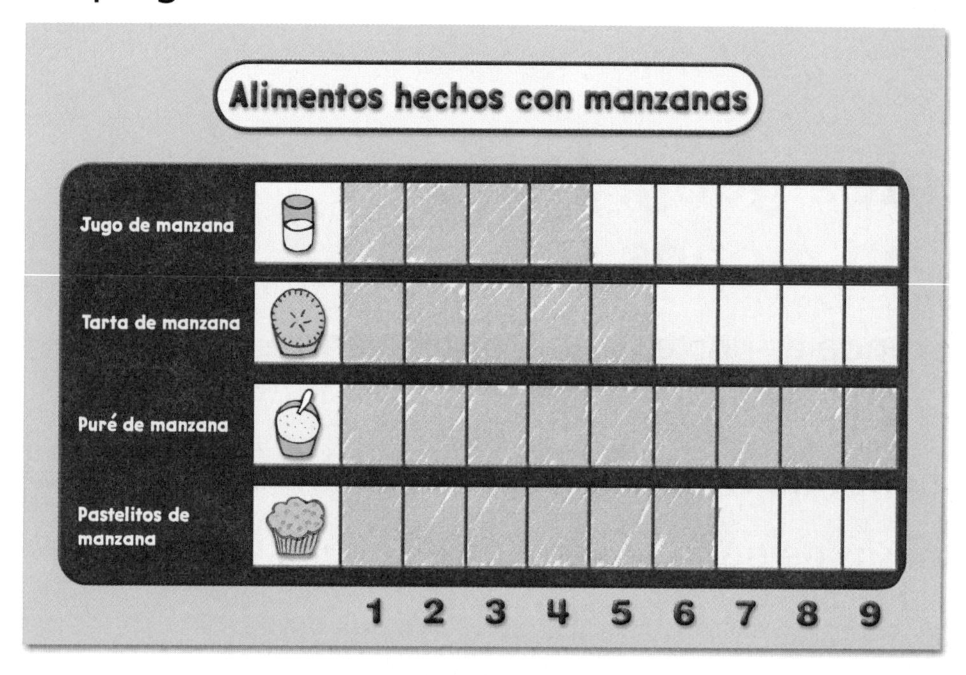


1. ¿Cuál de los alimentos recibió más votos?
2. ¿Cuántos niños votaron por los pastelitos de manzana?
3. ¿Cuál de los alimentos les gustó menos a los niños?

## Destrezas por tu cuenta

Haz una gráfica de barras de alimentos que se hacen con trigo, como el pan, la pasta y las galletas. Dale un título a tu gráfica. Pídeles a algunos amigos que escojan qué alimento prefieren.

# ¿Qué aprendiste?

1. Escribe el nombre de tres accidentes geográficos y dibújalos.
2. Explica de qué manera la gente depende de los recursos naturales para satisfacer sus necesidades.
3. Nombra dos formas de irrigar la tierra.
4. **Escribe y comenta** Cuenta o escribe acerca de lo que podría pasar si no cuidáramos nuestros recursos naturales.

# Lee acerca de nuestra Tierra y sus recursos

Busca libros como éstos en la biblioteca.

UNIDAD

# Proyecto 2

## Adivina mi lugar

**En este juego, ¡tienes que tratar de adivinar cuál es el lugar!**

1. **Trabaja** con un grupo de compañeros para escoger un lugar interesante, divertido o famoso.
2. **Escriban** cinco pistas sobre el lugar. Luego, escriban cinco preguntas para hacerlas a los otros grupos sobre sus lugares.
3. **Formen** un equipo. Por turnos, den pistas a los otros equipos. Dejen que los otros equipos les hagan preguntas.
4. **Den** pistas hasta que un equipo adivine el lugar o hasta que todos los equipos hayan hecho todas sus preguntas.

**Actividad en la Internet**

Visita www.estudiossocialessf.com/actividades para aprender más sobre la Tierra.

# Trabajamos juntos

UNIDAD 3

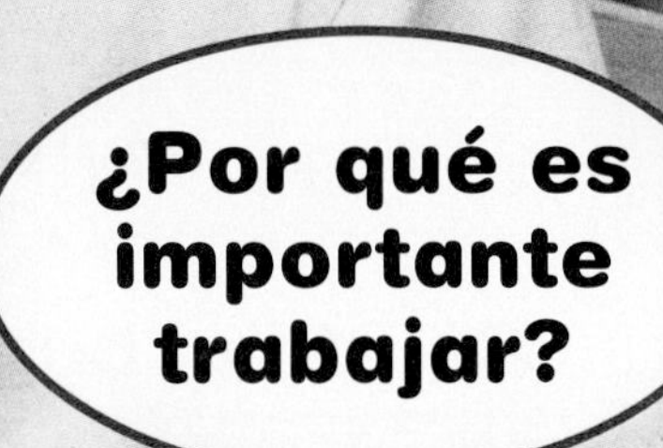
¿Por qué es
importante
trabajar?

# Empecemos con una canción

## Ya puedo ahorrar

por Nola Cruz

**Con la música de "Arroz con leche"**

**Consigo trabajo aquí y allá.
Ya tengo mis ingresos y puedo ahorrar.
Ahorro aquí, ahorro allá
y luego voy al banco con mamá y papá.**

**He ido al banco varias veces ya.
Mi cuenta de ahorros muy llena está.
Si saco un poco, ¿qué puedo comprar?
¡Tal vez aquel juguete que he deseado más!**

UNIDAD 3

# Vocabulario ilustrado

**ingreso**

**bienes**

**servicios**

**impuesto**

fábrica

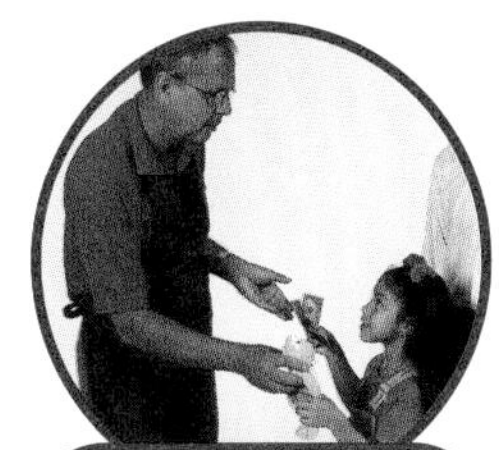

comerciar

transporte

trueque

# ¿Qué hará Matt?

Destreza clave

## Predecir

Me llamo Matt. Quiero tener un gato. Si consigo un gato, le daré de comer y jugaré con él todos los días.

¿Cómo podré conseguir un gato? Tengo algunas ideas de lo que puedo hacer.

Podría ahorrar dinero para comprar un gato.

Mi abuelita quiere regalarme algo. Quizá le podría pedir que me regale un gato.

Podría pedirles a mis padres que me lleven a un refugio de animales para escoger un gato.

Los gatos del refugio de animales necesitan un buen hogar. Los empleados del refugio ayudan a la gente a escoger el gato más adecuado para ellos.

¡Llegó el momento de predecir! **Predecir** significa decir qué crees que va a pasar después. Piensa en las diferentes cosas que puedo hacer para conseguir un gato. ¿Qué crees que voy a hacer?

Decidí pedirles a mi mamá y a mi papá que me lleven al refugio de animales. ¡Espero encontrar un gato amistoso! ¿Creíste que yo iba a hacer eso?

## ¡Inténtalo!

¿Qué pasaría si no hubiera ningún gato en el refugio? ¿Qué pasaría si la abuelita de Matt ya le hubiera comprado un regalo? **Predice** qué hará Matt.

# Escoger bienes y servicios

En los Estados Unidos, escogemos cómo ganar, gastar y ahorrar dinero. También escogemos dónde trabajar y dónde vivir. Muchas personas deciden vivir cerca de su trabajo.

Mi mamá y mi papá trabajan. Trabajan mucho para ganar dinero. El dinero que ganan se llama **ingreso.** Ese ingreso sirve para comprar bienes. Los **bienes** son las cosas que se fabrican o cultivan. Mira los bienes de esta foto.

Todos los sábados, voy con mi papá al supermercado. Allí compramos la comida que necesitamos.

Mi papá también usa parte de sus ingresos para pagar por los servicios que prestan otros trabajadores. Los **servicios** son los trabajos que hacen unas personas para ayudar a otras. Hoy vamos a ir a la peluquería. ¿Qué servicio le presta el peluquero a mi papá?

Todos los meses, mis padres hacen un presupuesto, o sea, un plan para gastar y ahorrar su dinero. Primero, apartan dinero para nuestras necesidades. Las necesidades son las cosas que debemos tener para poder vivir.

Una parte de los ingresos de mis padres la gastamos en deseos. Los deseos son bienes y servicios que nos gustaría tener. Ésos son bienes y servicios que no son necesarios para poder vivir.

En mi familia tomamos decisiones sobre las cosas que podemos comprar. Después de hacer el plan para las cosas que necesitamos, mis padres ven cuánto dinero les queda.

Después hablamos de las cosas que nos gustaría tener. No tenemos suficiente dinero para comprar todo lo que nos gustaría. Por eso, decidimos qué es lo que más queremos. ¡Decidimos conseguir un gato!

Mi familia separa dinero para el gato. Luego vamos al refugio de animales y elegimos una gatita. La llamaré Tabby.

1. ¿En qué forma el trabajo hace posible que compremos bienes y servicios?
2. Explica qué decisiones tomamos para ganar, gastar y ahorrar nuestro dinero.
3. Imagínate a una persona que quiere tener ingresos. A esta persona le gusta trabajar al aire libre y cuidar animales. **Predice** en qué lugar podría vivir y trabajar esa persona.

# Tomar decisiones

La clase de Matt pintó macetas para plantas y las vendió en una feria de artesanías. Con el dinero que ganaron, querían comprar algo para la clase. Éstos son los pasos que siguieron para decidir lo que iban a comprar.

**Paso 1** Decir sobre qué hay que tomar una decisión.

**Paso 2** Reunir información.

**Paso 3** Hacer una lista de opciones

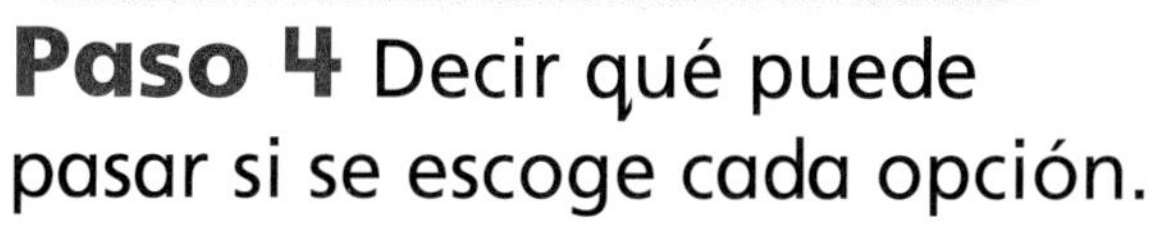

**Paso 4** Decir qué puede pasar si se escoge cada opción.

**Paso 5** Tomar la decisión.

Matt y sus compañeros decidieron comprar libros para la biblioteca de la clase. Hicieron una lista de los libros que querían. Ahora, van a comprar los libros con el dinero que ganaron.

## ¿Qué aprendiste?

1. ¿Qué tenía que decidir la clase de Matt?
2. Mira la lista de opciones. ¿Qué cosas dejó de comprar la clase de Matt al tomar la decisión de comprar libros?
3. **Por tu cuenta** Si estuvieras en la clase de Matt, ¿qué decisión tomarías? Di o escribe por qué crees que ésa sería la mejor decisión.

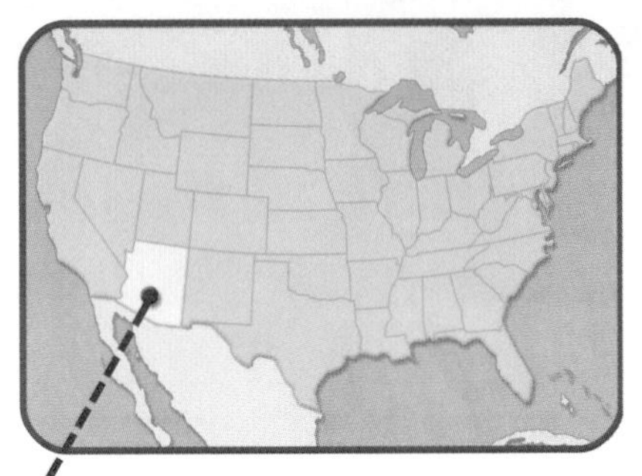

El programa Phoenix Kids Pride se encuentra en Phoenix, Arizona.

# El programa Phoenix Kids Pride

Conozcamos a unos niños de Phoenix, Arizona, que obtuvieron el premio Phoenix Kids Pride (Orgullo Infantil) por ayudar a las personas de su escuela y de su comunidad.

Celso y otros compañeros de clase querían que su escuela fuera un lugar seguro para todos. Ellos hablaban de la importancia de respetarse unos a otros.

**VALORES CÍVICOS**

- Bondad
- ★ Respeto
- Responsabilidad
- Justicia
- Honestidad
- Valentía

Con la ayuda de sus maestros, Celso y sus amigos comenzaron un programa especial en la escuela. Algunos estudiantes tomaron clases para aprender cómo ayudar a llevarse bien.

Ahora, si ocurre alguna discusión en la escuela o en el patio, los estudiantes que fueron entrenados intervienen para ayudar a solucionar los problemas. Estos estudiantes aconsejan a quienes tienen un problema para que no se pierdan el respeto. Les indican cómo resolver sus discusiones en forma pacífica.

*El respeto a los demás es un valor cívico.*

Desde que Celso y sus amigos iniciaron el programa, ha habido menos peleas y discusiones en la escuela. Los estudiantes están aprendiendo que todas las personas merecen respeto, aunque no estén de acuerdo.

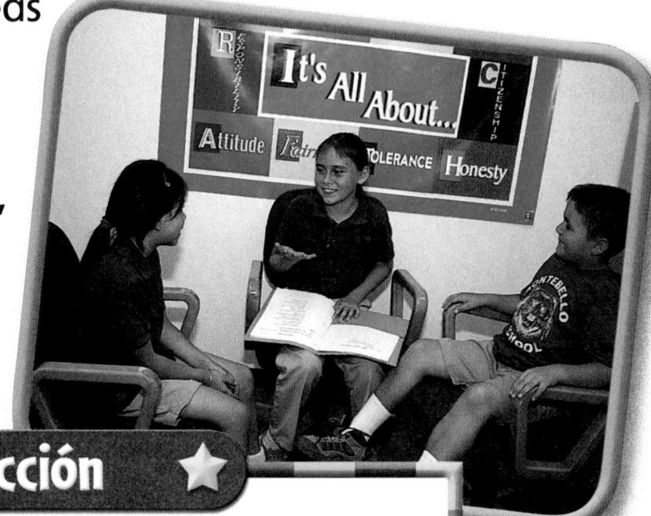


## ★ El respeto en acción ★

¿En qué forma demuestran estos estudiantes que respetan a las otras personas? ¿Cómo puedes mostrar tú respeto por los derechos de las demás personas?

Lección

# Los servicios en nuestra comunidad

La vida de nuestra comunidad depende de muchas personas que prestan servicios importantes. Algunas personas nos enseñan, otras cuidan de nuestra salud y otras nos ayudan a estar fuera de peligro.

Estamos estudiando sobre los trabajos que hacen diferentes personas en nuestra comunidad.

El dinero que recauda el gobierno se llama impuestos. Los **impuestos** sirven para construir y reparar escuelas y otros edificios de la comunidad. Con los impuestos también se compran camiones para los bomberos y carros para la policía.

Los impuestos sirven para pagar a muchas personas que trabajan en nuestra comunidad. Nuestra clase ha hecho un tablero de anuncios que describe lo que hacen algunas de esas personas. Puedes ver nuestro tablero de anuncios en la página que sigue.

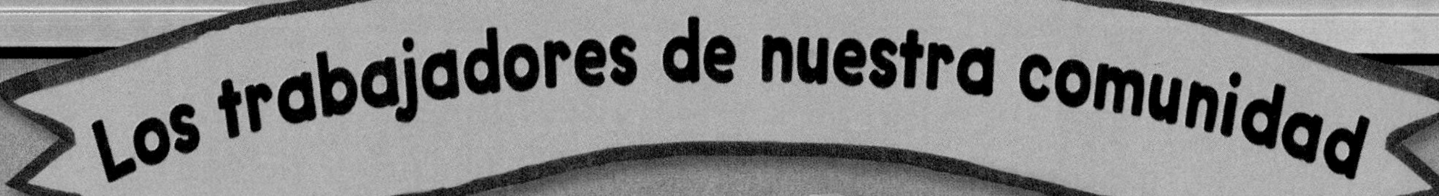

# Los trabajadores de nuestra comunidad

El alcalde y otros líderes comunitarios trabajan para que nuestra comunidad sea un buen lugar donde vivir.

Los bomberos nos ayudan a estar fuera de peligro en la casa y en nuestra comunidad.

Algunas enfermeras trabajan en clínicas que se pagan con los impuestos. Muchas enfermeras han elegido ese trabajo porque quieren cuidar a otras personas.

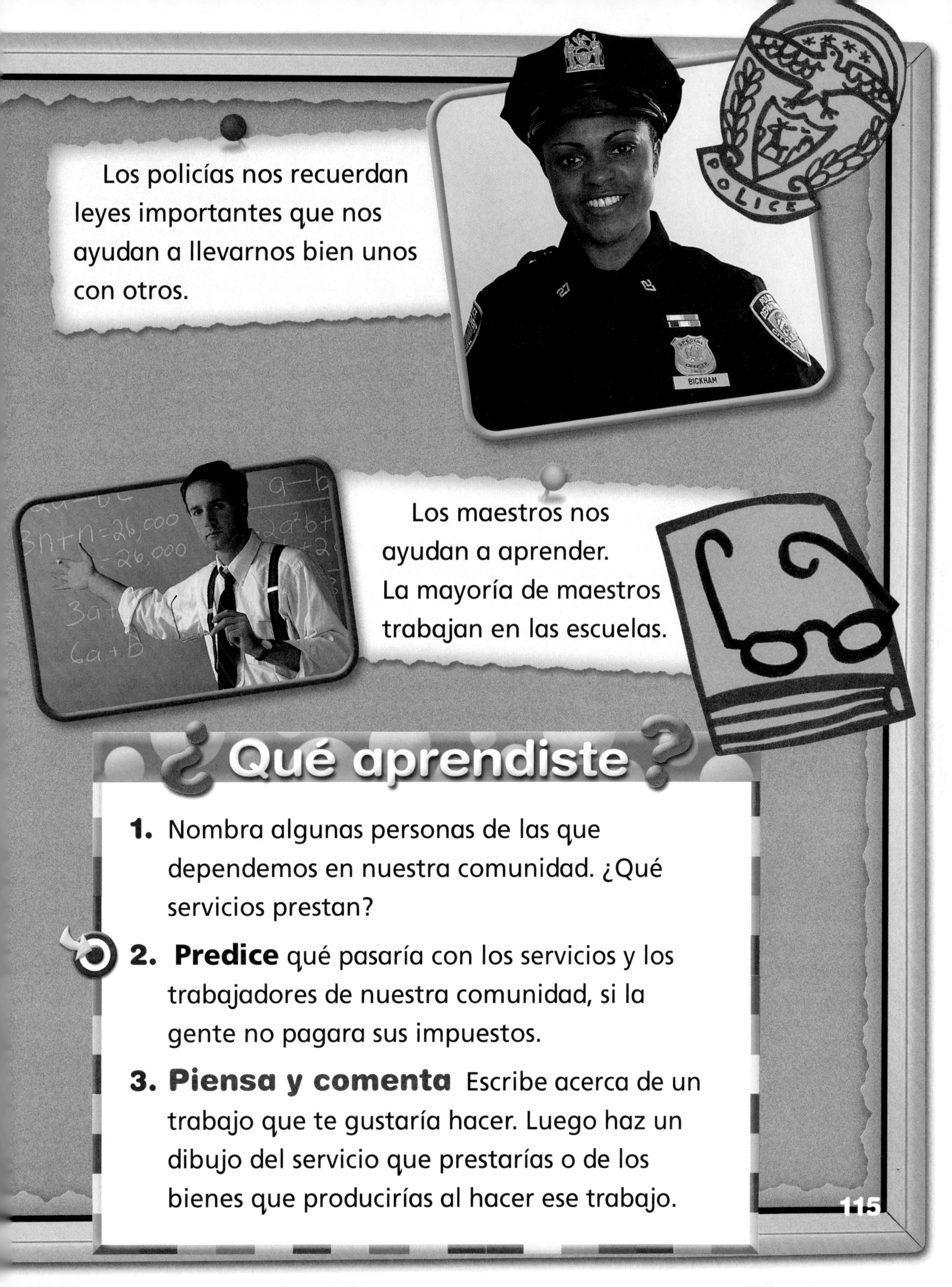

Los policías nos recuerdan leyes importantes que nos ayudan a llevarnos bien unos con otros.



Los maestros nos ayudan a aprender. La mayoría de maestros trabajan en las escuelas.

## ¿Qué aprendiste?

1. Nombra algunas personas de las que dependemos en nuestra comunidad. ¿Qué servicios prestan?
2. **Predice** qué pasaría con los servicios y los trabajadores de nuestra comunidad, si la gente no pagara sus impuestos.
3. **Piensa y comenta** Escribe acerca de un trabajo que te gustaría hacer. Luego haz un dibujo del servicio que prestarías o de los bienes que producirías al hacer ese trabajo.

# Conozcamos a Florence Nightingale

## 1820–1910
## Enfermera y reformadora de hospitales

Florence Nightingale fue una enfermera famosa. Dedicó su vida a servir y cuidar a los demás.

Hace mucho tiempo, Florence Nightingale fue una líder de las enfermeras. Ella cuidaba a los soldados heridos durante una guerra. Cuando llegó al hospital del ejército, se dio cuenta de que había demasiados pacientes y muy pocas camas. Además, la ropa de los soldados estaba sucia.

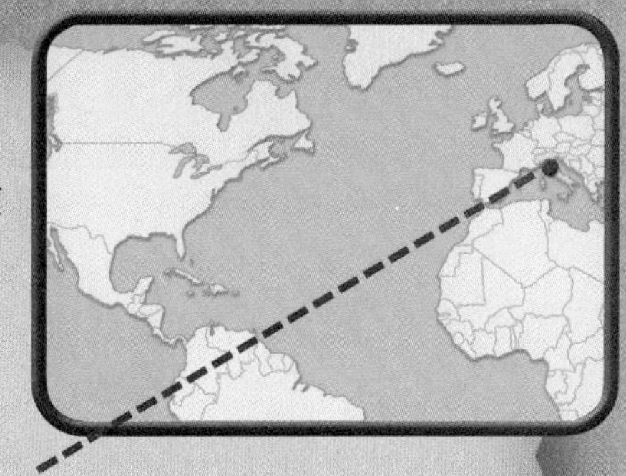
Florence Nightingale nació en Florencia, Italia.

Florence Nightingale estaba decidida a darles a los soldados la mejor atención posible. Compró provisiones y trabajó sin descanso día y noche para atenderlos.

Después de la guerra, Florence Nightingale abrió una escuela de enfermería. Quería que las enfermeras recibieran la educación y el entrenamiento adecuados. Ésa fue la primera escuela de enfermería del mundo.

Florence Nightingale en un hospital

Florence Nightingale también escribió el primer libro de texto para enfermeras. Ahora es recordada como una de las personas que más ayudó a entrenar y animar a las personas para que fueran enfermeras.

## Piensa y comenta

¿En qué forma Florence Nightingale es un buen ejemplo de valores cívicos?

Para más información, visita *Personajes de la historia* en **www.estudiossocialessf.com.**

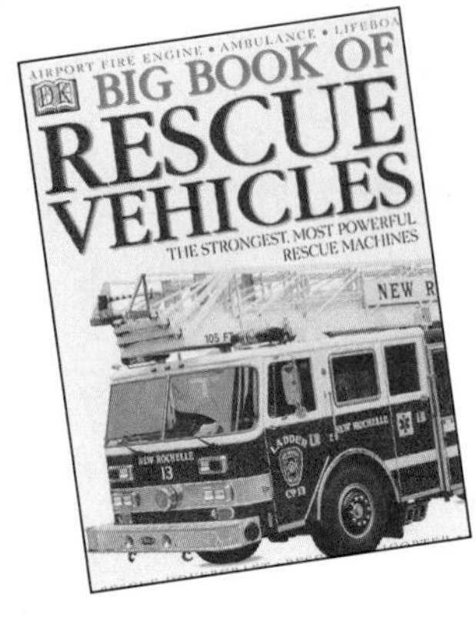


# El camión de bomberos

Todos reconocemos el sonido que hace la sirena de un camión de bomberos. Avisa a los demás carros para que abran paso. Tal vez haya un incendio o alguien se encuentre atrapado en un árbol. ¿Por qué otro motivo podrían ir siempre tan apurados los bomberos?

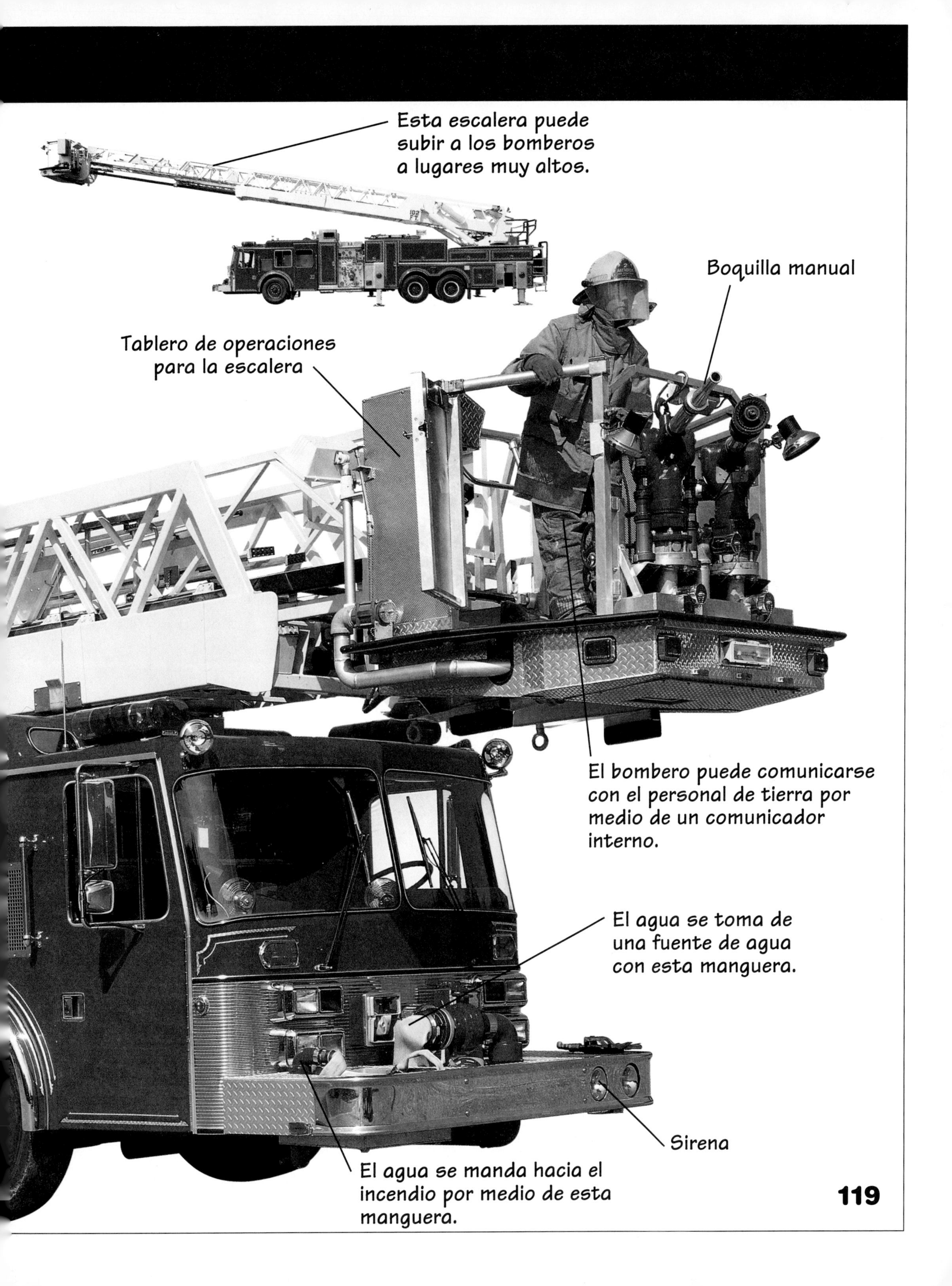
Esta escalera puede subir a los bomberos a lugares muy altos.
Boquilla manual
Tablero de operaciones para la escalera
El bombero puede comunicarse con el personal de tierra por medio de un comunicador interno.
El agua se toma de una fuente de agua con esta manguera.
Sirena
El agua se manda hacia el incendio por medio de esta manguera.

Lección 3

# Bienes: de la fábrica al consumidor

Hoy, mi clase va a visitar una fábrica de camisetas. Una **fábrica** es un sitio donde se producen o se procesan bienes. Vamos a aprender cómo se fabrican las camisetas que luego compran los consumidores. Voy a hacerle a Ken las preguntas que escribió mi clase. Él es nuestro guía en la visita a la fábrica.

**Matt**

¿De qué se hacen las camisetas?

**Ken**

¡Muy buena pregunta! Muchas camisetas se hacen de algodón. El algodón crece en plantas. Los agricultores cultivan esas plantas en suelo fértil y luego cosechan el algodón. Antes, el algodón se cosechaba a mano. Hoy en día, las máquinas hacen la mayoría del trabajo.

**Matt**

¿Qué pasa después de que se cosecha el algodón?

**Ken**

Lo llevan a una desmotadora. La desmotadora es una máquina que separa las fibras de algodón de las semillas. Luego, el algodón sin semillas se empaca en bultos. Algunos de esos bultos llegan a nuestra fábrica.

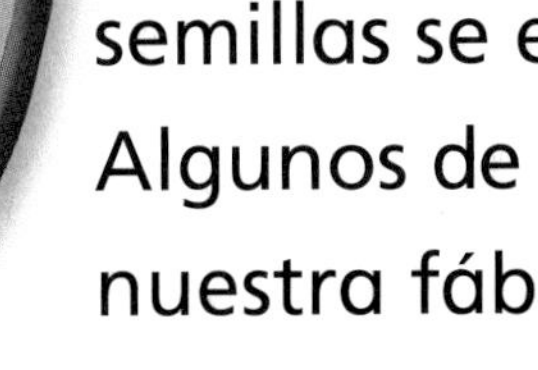

**Ken** También se usan otras máquinas para cardar, peinar e hilar las fibras de algodón. El hilo se teje para hacer la tela.

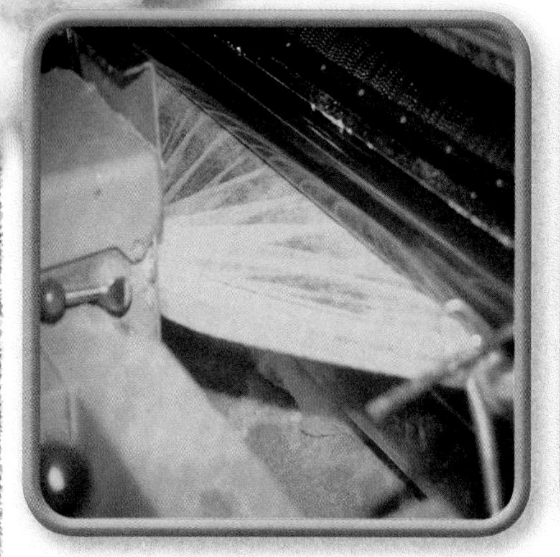

**Cardado**

**Hilado**

**Tejido**

**Ken** Después, la tela se tiñe y se plancha para que no tenga arrugas. Luego, los trabajadores cortan las piezas para hacer la camiseta. Finalmente, unen y cosen las piezas de la camiseta.

**Teñido**

**Corte**

**Costura**

**Matt**

¿Cuándo podemos comprar las camisetas?

**Ken**

Todavía no. Primero, se ponen las camisetas en cajas. Luego, se cargan en camiones. Después, los camiones las entregan a tiendas de todo el país. Por último, las camisetas se desempacan en la tienda. Sólo entonces tú y los demás consumidores pueden comprar la camiseta que más les guste.

Al final de la visita, fuimos a la tienda de camisetas. Me pude comprar una camiseta porque había ahorrado el dinero que gané por sacar a caminar el perro de mi vecino.

## ¿Qué aprendiste?

1. ¿Qué es una fábrica?
2. Explica por qué son necesarios el suelo, las personas y las máquinas para fabricar una camiseta.
3. **Piensa y comenta** Matt decidió gastar el dinero que había ganado en comprar una camiseta. Comenta qué otras decisiones pudo haber tomado Matt.

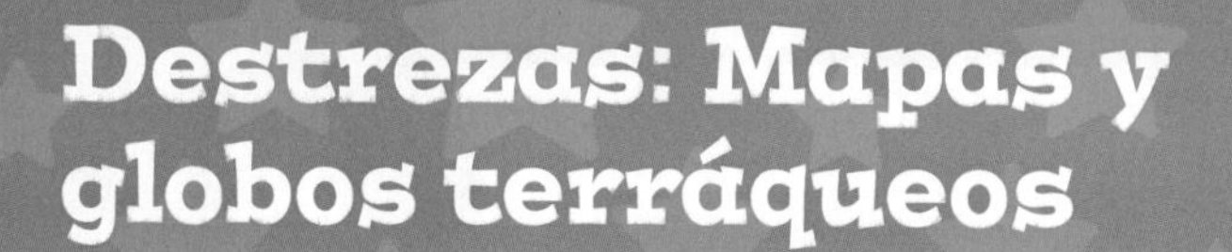

# Usar una rosa de los vientos

Encuentra la rosa de los vientos que está en el mapa. La **rosa de los vientos** muestra los puntos cardinales de un mapa. Las letras N, S, E y O indican el norte, sur, este y oeste.

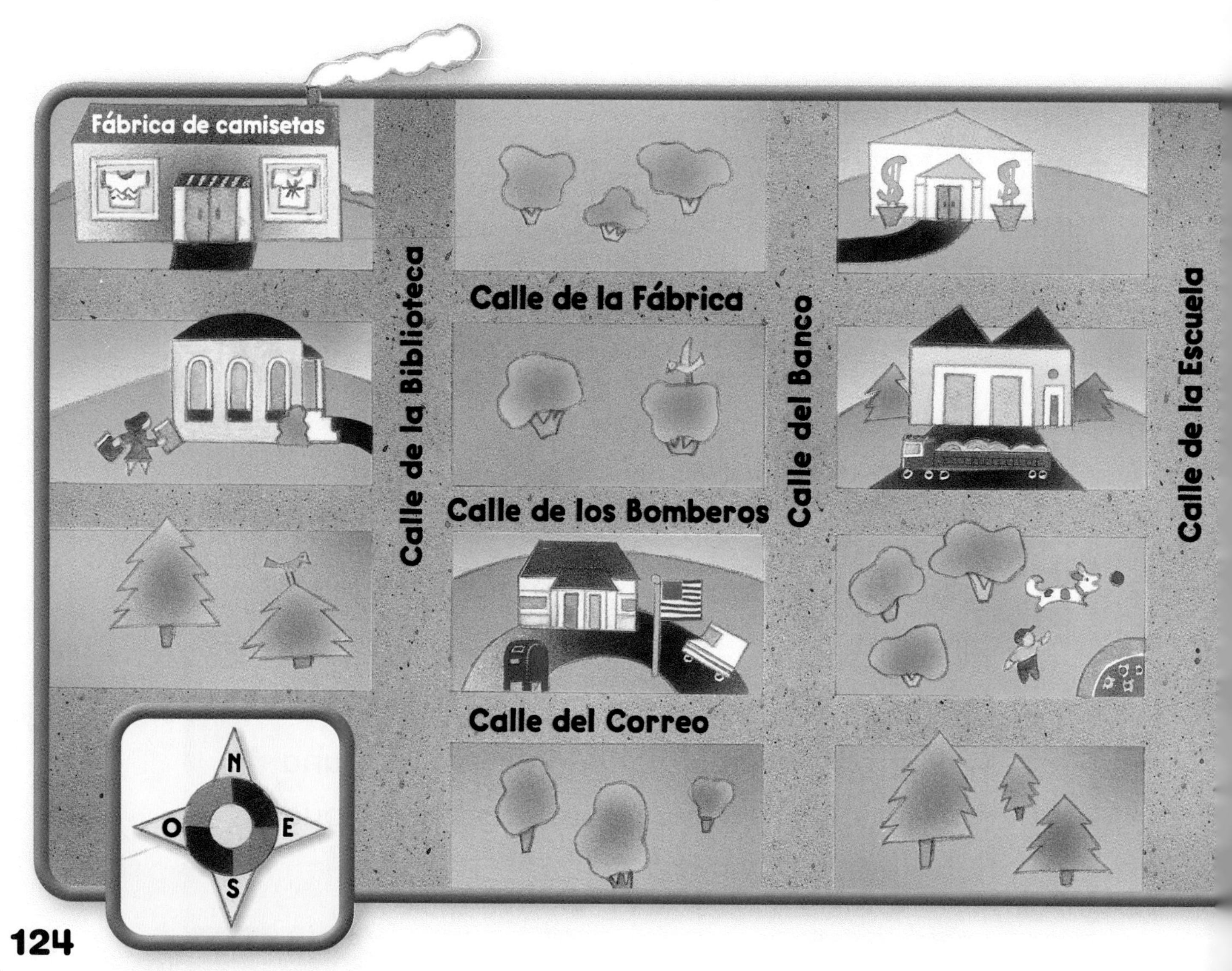

Un camión de la fábrica de camisetas fue a una tienda que hay en la comunidad donde vive Matt. El camión siguió una ruta. Una **ruta** es el camino para llegar de un lugar a otro. En el mapa, sigue la ruta del camión.

- Señala la fábrica de camisetas.
- Ve hacia el este por la calle de la Fábrica.
- Ve hacia el sur por la calle de la Biblioteca.
- Ve hacia el este por la calle del Correo.
- Para frente a la tienda.

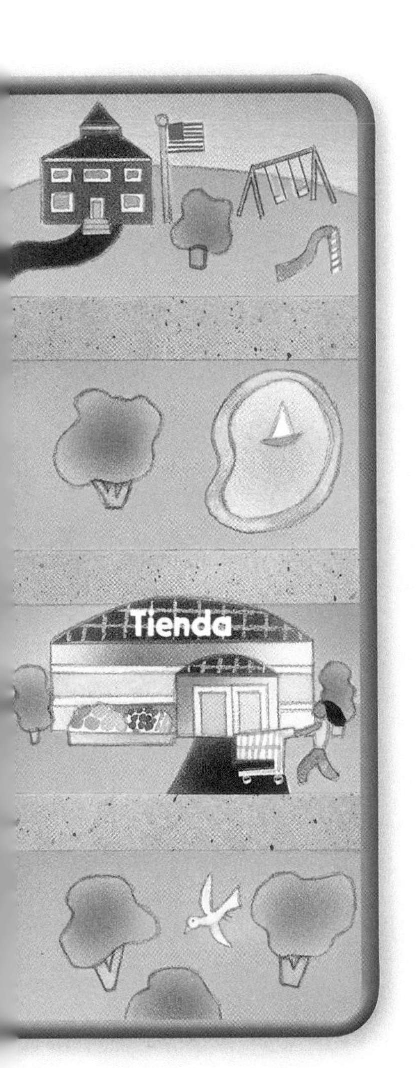

## ¡Inténtalo!

1. ¿La calle de la Fábrica queda al norte o al sur de la calle del Correo?
2. ¿La calle de la Biblioteca queda al este o al oeste de la calle del Banco?
3. **Por tu cuenta** Escribe otra ruta que puedas tomar para ir desde la fábrica de camisetas hasta la tienda. Pídele a un compañero o compañera que señale esa ruta.

Lección 4

# Una visita al banco

Mis padres están muy orgullosos de mí porque ahorré el dinero suficiente para comprar mi camiseta. Gané ese dinero por sacar a caminar el perro de mi vecino. También ayudé a lavar el carro de mis papás. ¡Trabajé muy duro!

Después de comprar la camiseta, todavía me quedó dinero. Decidí ahorrar parte de ese dinero. Mis padres me acompañaron al banco para abrir una cuenta de ahorros.

En el banco nos hicieron preguntas y tuvimos que firmar varios papeles. Cuando gane más dinero, lo depositaré, o pondré, en mi cuenta de ahorros. Mi mamá o mi papá me pueden ayudar a hacerlo en el banco.

Mis padres también tienen una cuenta corriente. Usan el dinero de su cuenta corriente cada vez que escriben cheques para pagar por bienes y servicios.

Mi mamá escribe un cheque en el mercado. El mercado manda el cheque al banco. El banco le resta el dinero a la cuenta corriente de mi mamá.

Otras veces mis padres usan una tarjeta de crédito para pagar por bienes y servicios. Ellos compraron nuestro refrigerador con una tarjeta de crédito. Luego pagan la cuenta de la tarjeta de crédito al final del mes.

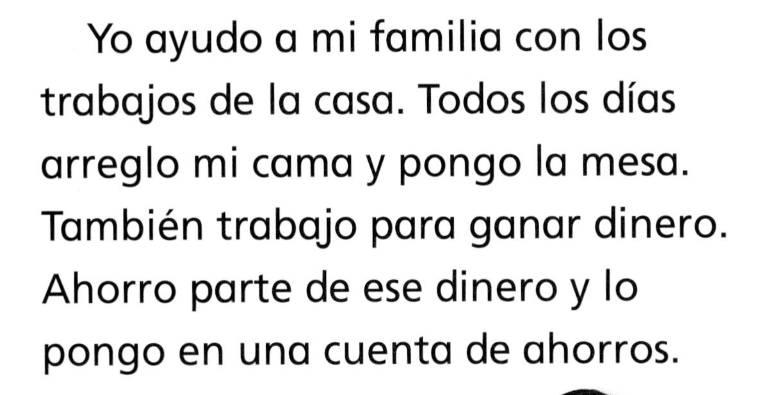

Yo ayudo a mi familia con los trabajos de la casa. Todos los días arreglo mi cama y pongo la mesa. También trabajo para ganar dinero. Ahorro parte de ese dinero y lo pongo en una cuenta de ahorros.

## ¿Qué aprendiste?

1. ¿Dónde se puede guardar el dinero que quieres ahorrar?
2. ¿De qué manera se puede pagar por bienes y servicios?
3. **Piensa y comenta** Matt quiere unos patines nuevos. No tiene dinero suficiente en su cuenta de ahorros para comprarlos. En el vecindario de Matt hay una vecina nueva que tiene dos perros. **Predice** qué crees que hará Matt.

# Leer una gráfica circular

Una **gráfica circular** es un dibujo en forma circular para mostrar cantidades. El círculo se divide en partes similares a tajadas de pastel. El tamaño de cada tajada representa una cierta cantidad.

Mira la gráfica circular. Puedes ver cuánto dinero decidió ahorrar Matt. También puedes ver cómo gastó su dinero. Di qué hizo Matt con el dinero que ganó.

## ¡Inténtalo!

1. ¿En qué gastó Matt la misma cantidad de dinero?
2. ¿Es más la cantidad que Matt ahorró, o la que gastó en libros y juegos?
3. **Por tu cuenta** Dibuja una gráfica circular que muestre otra forma en que Matt podría gastar y ahorrar su dinero.

# Conozcamos a Linda Alvarado

## 1951–
## Líder comunitaria y presidente de una compañía

Los dueños de negocios deben decidir con cuidado cómo gastar y ahorrar su dinero. Linda Alvarado es una empresaria de mucho éxito.

Desde pequeña a Linda le encantaba la escuela. Su familia estaba convencida de que una buena educación era muy importante. Linda también practicaba deportes con sus cinco hermanos. Así aprendió la importancia del trabajo en equipo. La educación y el trabajo en equipo siempre han sido importantes para Linda Alvarado.

Linda Alvarado nació en Albuquerque, Nuevo México.

Cuando Linda Alvarado creció, se interesó en la construcción. Le gustaba visitar los lugares donde se construían edificios. Luego, tomó muchas clases para aprender sobre ese negocio. Finalmente, abrió su propia empresa de construcción.

Linda Alvarado

En la actualidad, la compañía de Linda Alvarado es una de las empresas de construcción que crece más rápido. Linda también es una de los dueños de un equipo de beisbol de la liga mayor.

Linda Alvarado sigue trabajando duro para el éxito de su compañía, su equipo de beisbol y el bien de su comunidad.

ALVARADO
Construction Inc.

## Piensa y comenta

¿Por qué Linda Alvarado es un miembro exitoso de su comunidad?

Para más información, visita *Personajes de la historia* en **www.estudiossocialessf.com.**

Lección

# Los países comercian y transportan bienes

Con el hule se fabrican llantas para carros, autobuses y aviones.

Nuestra clase está aprendiendo por qué los países del mundo comercian bienes. **Comerciar** quiere decir comprar, vender o intercambiar bienes. Los países necesitan comerciar unos con otros para conseguir bienes que no tienen.

Los Estados Unidos venden a otros países algunos bienes que producen, como trigo y maíz. También comercian con otros países para obtener los bienes que necesitamos o deseamos. Por ejemplo, algunas empresas de los Estados Unidos compran hule.

Una mujer recoge un líquido llamado látex de un árbol de hule o caucho. Del látex se hace el hule.

Los bienes y personas se movilizan por medio del **transporte.** Los trenes y los camiones son dos medios que la gente usa para transportar bienes por tierra. Los barcos y los aviones son otras formas de transporte que se usan cuando se comercian bienes.

¡El chocolate caliente es una de mis bebidas favoritas!

En mi escuela, aprendimos que el chocolate se fabrica de granos de cacao. Los granos de cacao vienen de los árboles de cacao. Los árboles de cacao crecen en sitios cálidos y lluviosos. Hawai es el único estado de los Estados Unidos donde se cultiva el cacao. Hawai no puede producir todo el cacao que consumimos. Comerciamos con otros países para comparles el cacao que necesitamos.

Árbol de cacao con vainas

Los granos de cacao se envían a las fábricas. Allí las personas y las máquinas los convierten en distintos productos de chocolate.

Mi clase dibujó una gráfica circular de nuestros productos de chocolate favoritos. ¿Qué producto de chocolate nos gusta más?

## ¿Qué aprendiste?

1. Explica por qué los países necesitan comerciar unos con otros.
2. ¿Qué medios de transporte se usan para llevar bienes desde Europa hasta los Estados Unidos?
3. **Piensa y comenta** Mira la etiqueta de una camiseta. La etiqueta puede decirte dónde fue fabricada. Comenta qué medio de transporte se usaría para traerla a una tienda cercana a ti.

Historia viva

# El trueque de bienes y servicios

Hace mucho tiempo, no se usaban monedas ni billetes para comprar y vender bienes. Se hacía trueque de bienes para obtener lo que se necesitaba. Hacer **trueque** quiere decir intercambiar bienes o servicios sin usar dinero.

En la actualidad, la gente todavía usa el trueque. En mi familia a veces hacemos trueque de servicios con nuestros vecinos. Una vez mi papá pintó la cerca de nuestro vecino. Después, nuestro vecino nos arregló el carro. ¿Con qué otros servicios se podría hacer trueque?

## Taller de historia

Supongamos que hubieras vivido hace mucho tiempo. Tú y tu familia cultivaban trigo y maíz. Vivían a la orilla de un río y había muchos árboles alrededor. Tú necesitabas tela para una nueva camisa. ¿Qué trueque hubieras hecho para obtener la tela que necesitabas?

# Adivina cuál es la ocupación

Yo uso botas pesadas.
Yo rimo con mesera.
Yo apago las llamas.
Yo soy una ________ .

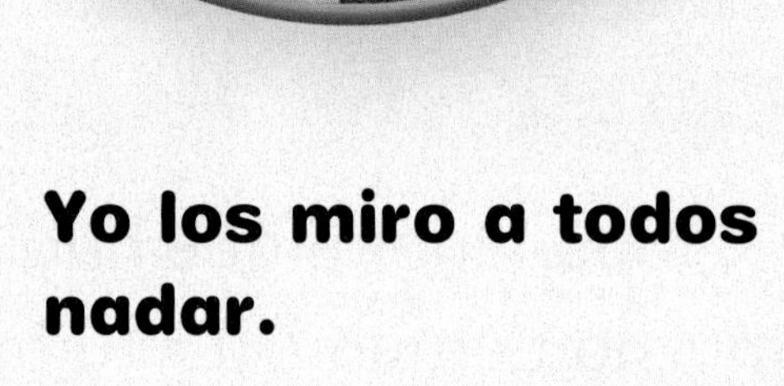

Yo los miro a todos nadar.
Yo salvo muchas vidas.
En la piscina me puedes buscar.
Yo soy un ________ .

Yo ayudo a los que
se sienten mal,

a que estén bien
a toda hora.

Búscame en un
hospital.

Yo soy una ______ .

Me ves casi todos
los días.

Yo repito y demuestro.

Sin mí, ¿cómo
aprenderías?

Yo soy tu ______ .

# Repaso del vocabulario

impuesto
fábrica
transporte
ingreso
comerciar
bienes

Une cada palabra con la oración correspondiente.

1. En este sitio se hacen bienes.
2. El dinero que ganamos cuando trabajamos.
3. Comprar, vender o intercambiar bienes.
4. El dinero que paga por algunas de nuestras escuelas.
5. El medio para llevar cosas de un lugar a otro.
6. Lo que la gente fabrica o cultiva.

★ ★ ★ ★ ★ ★ ★ ★ ★

¿Qué palabra completa cada oración?

1. El intercambio de bienes o servicios sin usar dinero se llama __________.

   **a.** transporte **b.** trueque
   **c.** ingreso **d.** impuesto

**En los exámenes**

Si sabes que una respuesta es incorrecta, descártala.

2. Los trabajos que hacen unas personas para ayudar a otras son ________.

   **a.** servicios **b.** comercios
   **c.** ingresos **d.** bienes

# Repaso de las destrezas

## Predecir

Un agricultor cultiva algodón. No llueve en mucho tiempo. Las plantas no crecen sin agua. La fábrica no puede obtener el algodón necesario para hacer las camisetas. **Predice** qué podría ocurrir.

## Tomar decisiones

Piensa en una decisión que tú o tus compañeros deban tomar. Luego, sigue estos pasos.

1. Decir sobre qué se debe tomar una decisión.
2. Reunir información.
3. Hacer una lista de opciones.
4. Decir qué puede pasar si se escoge cada opción.
5. Tomar la decisión.

# Repaso de las destrezas

## Usar una rosa de los vientos

Éste es un mapa de la comunidad de Matt. Traza la siguiente ruta en el mapa.

1. Señala la casa de Matt.
2. Ve hacia el este por la calle del Sauce.
3. Sigue hacia el norte por la avenida Colibrí.
4. Voltea hacia el este en la calle de la Escuela.
5. ¿Qué edificio ves?

## Destrezas por tu cuenta

Dibuja un mapa de tu vecindario. Ponle un título y añade una rosa de los vientos. Usa las palabras *norte, sur, este* y *oeste* para contarnos acerca de tu mapa.

# ¿Qué aprendiste?

1. ¿De qué manera puede la gente ganar y usar su ingreso?
2. ¿Cómo ayudan los impuestos a una comunidad?
3. Di cómo harías un trueque de bienes o servicios.
4. **Escribe y comenta** Haz una lista de las cosas que decidiría comprar una familia que sólo pudiera comprar lo que necesita para vivir.

# Lee acerca del trabajo

Busca libros como éstos en la biblioteca.

UNIDAD

# Proyecto 3

## Empezar un negocio

**Un negocio es un lugar que vende bienes o servicios. Si vas a empezar un negocio, debes anunciar los bienes o servicios que vas a vender.**

1 **Escoge** unos bienes o un servicio para vender.

2 **Dibuja** una tarjeta de negocios para vender esos bienes o servicio.

3 **Ponle** un nombre a los bienes o servicio que vas a vender. Escribe tu nombre y el de tu negocio en la tarjeta.

4 **Intercambia** tu tarjeta con tus compañeros. Fíjate en qué es distinta cada una.

Servicios ¡GUAU!

Sam Thomas

### Actividad en la Internet

Visita www.estudiossocialessf.com/actividades para aprender más sobre el trabajo.

# Nuestro país ahora

UNIDAD 4

¿Por qué necesitamos un gobierno?

# Empecemos con una canción

## ¡El pueblo cuenta!

por Víctor Alvarado

**Con la música de "Naranja dulce"**

Tienen derecho
los ciudadanos
a escoger
entre candidatos.

Esas personas
nos representan.
¡En el gobierno
el pueblo cuenta!

UNIDAD 4

# Vocabulario ilustrado

**gobierno**

**alcalde**

**ciudadano**

**gobernador**

Congreso

presidente

libertad

lema

monumento

# Carta al editor

## Idea principal y detalles

Destreza clave

¡Hola! Me llamo Sam. Yo escribí una carta sobre un problema de tránsito. Mandé la carta al periódico de mi ciudad. ¿De qué se trata la carta?

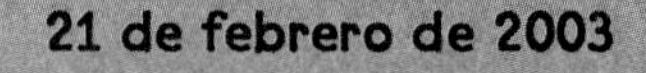

21 de febrero de 2003

Estimado editor:

Le escribo esta carta para contarle de un problema de tránsito. Necesitamos una señal de alto en mi vecindario. Yo vivo al pie de una loma. Veo mucha gente que maneja loma abajo demasiado rápido. Los niños de mi vecindario juegan afuera. Los conductores tienen que ir más despacio para evitar que alguien se lastime. Con una señal de alto, los carros irían más despacio. Por favor, publique esta carta para que la gente sepa lo que necesitamos.

Atentamente,
Sam
Estudiante de segundo grado

El **tema** dice de qué se trata la carta. La **idea principal** es la idea más importante del tema. Los **detalles** nos dicen más acerca de la idea principal.

21 de febrero de 2003

Estimado editor:

Le escribo esta carta para contarle de un problema de tránsito. Necesitamos una señal de alto en mi vecindario. Yo vivo al pie de una loma. Veo mucha gente que maneja loma abajo demasiado rápido. Los niños de mi vecindario juegan afuera. Los conductores tienen que ir más despacio para evitar que alguien se lastime. Con una señal de alto, los carros irían más despacio. Por favor, publique esta carta para que la gente sepa lo que necesitamos.

Atentamente,
Sam
Estudiante de segundo grado

Tema

Idea principal

Detalle

Detalle

Detalle

## ¡Inténtalo!

Escribe acerca de algo que necesite tu vecindario. ¿Cuál es el **tema**? ¿Cuál es la **idea principal** de ese tema? ¿Cuáles son algunos **detalles** que nos dicen algo más sobre la **idea principal**?

Lección

# El gobierno local

Quiero solucionar el problema de tránsito de mi vecindario. Mi mamá y yo llamamos a nuestro gobierno local para pedir ayuda. Un **gobierno** es un grupo de personas que trabajan juntas para administrar una ciudad, un estado o un país. El gobierno presta servicios, hace leyes, nos ayuda a estar fuera de peligro y resuelve desacuerdos.

¿Cómo podemos conseguir una señal de alto para nuestro vecindario?

Un **alcalde** es el líder de un pueblo o una ciudad. El alcalde trabaja con el grupo de personas que forman el concejo municipal. Entre todos hacen las leyes para el pueblo o la ciudad y prestan servicios a los ciudadanos. Un **ciudadano** es un miembro de la comunidad, del estado y del país.

Los ciudadanos de mi comunidad votan para elegir a nuestro alcalde y a nuestro concejo municipal. Estos líderes, como todos los ciudadanos, deben hacer su trabajo y obedecer las leyes. El alcalde y el concejo municipal nos ayudarán a decidir si es necesario poner una señal de alto en mi vecindario.

Vengan a la reunión del concejo municipal dentro de tres semanas.

Alcaldesa

Mi mamá organizó una reunión de vecinos. Vamos a trabajar todos juntos para que nuestro vecindario sea un lugar más seguro.

La policía local va a averiguar a qué velocidad pasan los carros por nuestra calle. Si la policía descubre a alguien manejando a mucha velocidad, esa persona recibirá una multa. La persona puede ir al tribunal del condado. Allí, un juez, o autoridad del tribunal, decidirá si ha faltado a la ley.

Algunas oficinas del gobierno se ubican en el edificio del tribunal del condado.

Fuimos a la reunión del concejo municipal. Un agente de policía presentó un informe sobre la velocidad a la que viajan los carros por nuestra calle. El alcalde y el concejo municipal nos dieron las gracias por nuestro trabajo. Hablaron sobre el problema. Después votaron a favor de poner una señal de alto en mi vecindario. ¡Ahora mi vecindario es un lugar más seguro!

STOP
4-WAY

## ¿Qué aprendiste?

1. ¿Cómo ayudó el gobierno local a Sam?
2. Comenta qué hacen el alcalde y el concejo municipal en una ciudad o pueblo.
3. **Piensa y comenta** Escribe cómo se solucionó el problema que tenía el vecindario de Sam. Menciona el **tema** y la **idea principal.** Incluye otras oraciones que cuenten más **detalles** acerca de la **idea principal.**

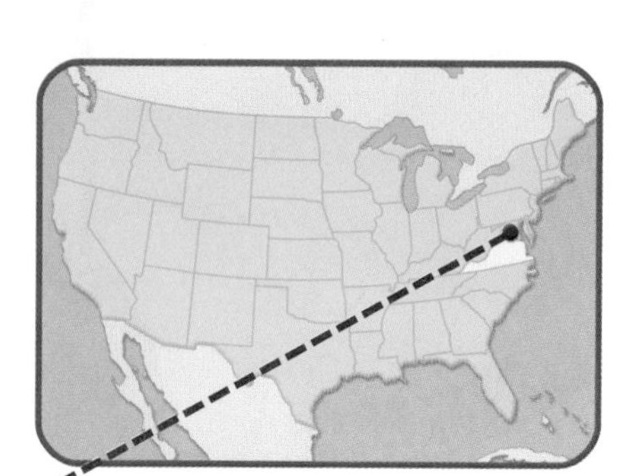
Anna Beavers vive en el condado de Loudoun, Virginia.

# Anna Beavers

Hace casi 50 años, una maestra llamada Anna Beavers decidió solucionar un problema que había en su comunidad. Algunos niños necesitaban ropa para ir mejor vestidos a la escuela.

La Sra. Beavers vio que algunos niños iban a la escuela con la ropa sucia o rota. Otros niños los criticaban injustamente y se burlaban de ellos por la ropa que llevaban.

La Sra. Beavers decidió lavarles y remendarles la ropa. Si la ropa ya estaba muy dañada para arreglarla, la Sra. Beavers compraba ropa nueva. Ella deseaba que todos los niños estuvieran bien vestidos. Hoy, la Sra. Beavers sigue ayudando a los niños para que se vean y se sientan bien.

Aunque la Sra. Beavers ya está jubilada, continúa ayudando a los niños de su comunidad en Virginia. Ella remienda la ropa de los niños y enseña a los enfermos o a los que están atrasados en sus estudios. Anna Beavers respeta a todas las personas, incluso a los niños, y es muy cariñosa. Ella ayuda a los demás y cree que todos deben ser tratados con justicia.

## La justicia en acción

¿Qué puedes hacer tú para tratar con justicia a los demás?

# El gobierno del estado

Yo vivo en el estado de California. Cada estado tiene su propio gobierno. El **gobernador** es el líder del gobierno del estado. El gobernador trabaja con otros líderes del estado. Los ciudadanos de cada estado votan para elegir a sus líderes.

Cada estado tiene una capital. La capital de California es Sacramento. Ésa es la ciudad donde viven y trabajan muchos de los líderes de nuestro estado. El capitolio es el edificio de gobierno donde los líderes se reúnen para hacer las leyes de nuestro estado. Busca la capital de California en el mapa. Está marcada con una estrella.

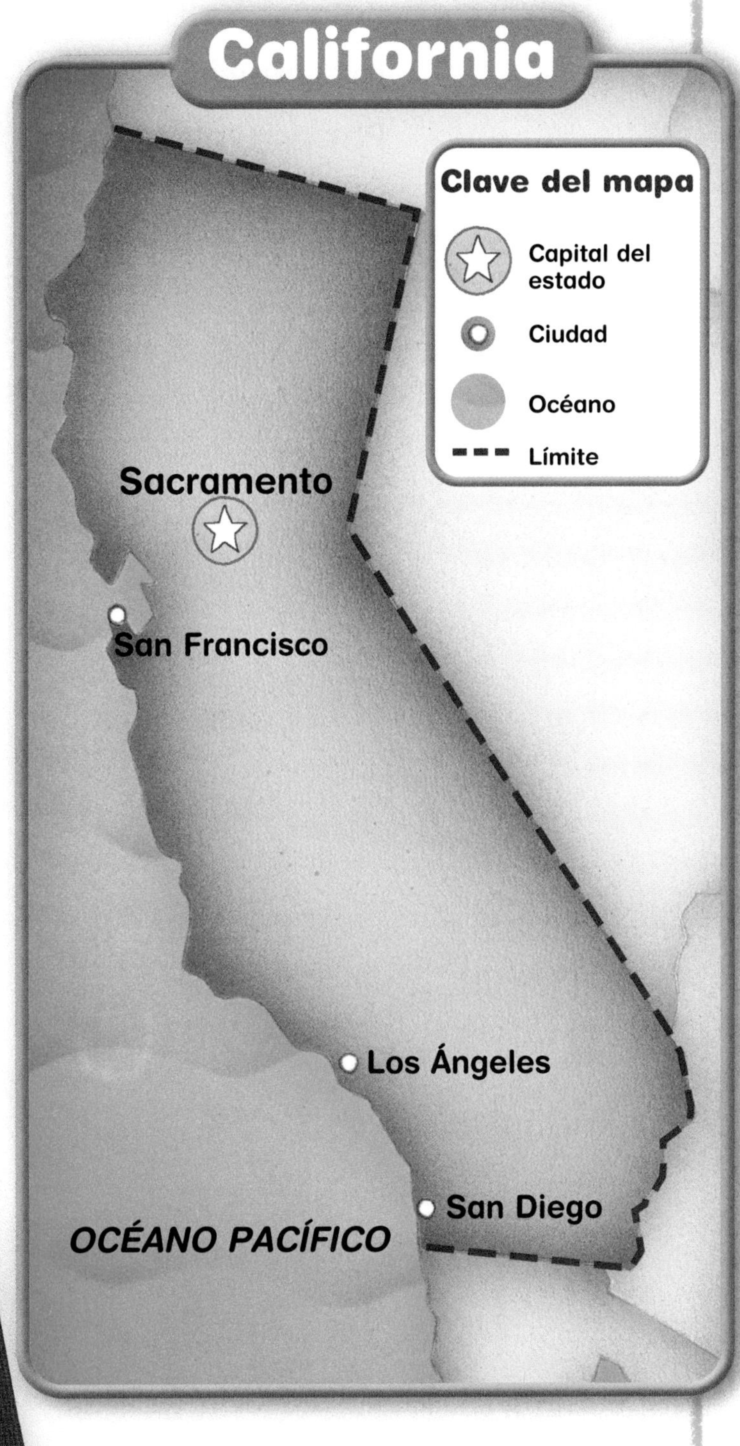

El gobierno recauda impuestos para pagar los servicios que hay en nuestras comunidades. Por eso, el gobernador y otros líderes hacen un presupuesto para decidir cómo van a usar el dinero de los impuestos. Ellos deben usar el dinero que tienen para prestar los servicios que más necesitan los ciudadanos de la comunidad. Nosotros dibujamos algunas cosas que se pagan con los impuestos de nuestra comunidad.

Las escuelas, las bibliotecas y los parques contribuyen a que nuestras comunidades sean mejores lugares donde vivir.

Mi clase hizo carteles sobre nuestro gobierno local y del estado. ¿Quién hace las leyes de mi estado?

¡Quiero ser un buen líder!

## Mi ciudad

- El alcalde y el concejo municipal hacen las leyes.
- La policía local hace cumplir las leyes.
- El tribunal local decide si se faltó a la ley.

## Mi estado

- El gobernador y los líderes del estado hacen las leyes.
- La policía estatal hace cumplir las leyes.
- El tribunal estatal decide si se faltó a la ley.

Algún día, me gustaría ser un líder del gobierno. Quizás sea alcalde. Podría ayudar a gobernar mi ciudad. Quizás sea gobernador. ¡Así podría ayudar a gobernar mi estado!

## ¿Qué aprendiste?

1. ¿En qué se parecen el trabajo del alcalde y el del gobernador? ¿En qué se diferencian?
2. Nombra algunos servicios que el gobierno preste a tu comunidad.
3. **Piensa y comenta** Comenta por qué es importante que los gobiernos hagan leyes y que se aseguren de que se cumplan.

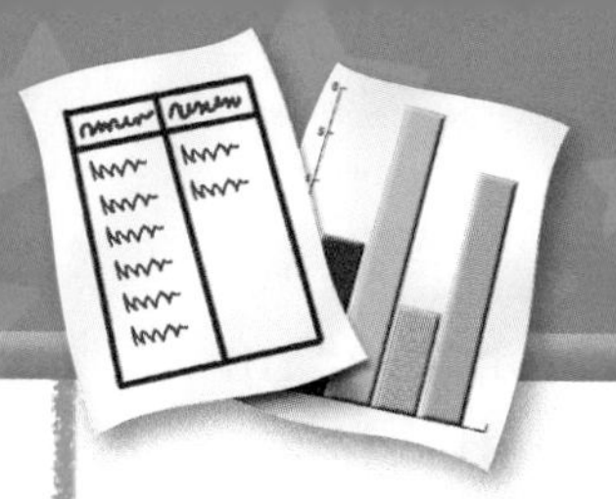



# Leer una tabla

Mira esta tabla. Una **tabla** es una especie de lista. Una tabla nos da información útil.

## Aprendamos sobre los estados

| Estado | Capital del estado | Ave del estado | Flor del estado |
|---|---|---|---|
| Florida | Tallahassee | Sinsonte | Azahar |
| Nueva Jersey | Trenton | Jilguero americano | Violeta |
| Pennsylvania | Harrisburg | Urogallo | Laurel de montaña |

Esta tabla menciona datos importantes de algunos de nuestros estados. Cada estado tiene una capital. Cada capital tiene un capitolio donde se reúnen los líderes que hacen las leyes.

Los estados también tienen símbolos que nos dicen más acerca del estado. El ave y la flor del estado son dos símbolos de nuestros estados.

## ¡Inténtalo!

**1.** ¿Cuál es la capital de Pennsylvania?

**2.** ¿Cuál es la flor del estado de la Florida?

**3. Por tu cuenta** Aprende acerca de la capital, el ave y la flor de tu estado. Haz una tabla que muestre esa información. Incluye un dibujo del capitolio de tu estado.

# El gobierno federal

La Constitución fue escrita hace más de 200 años.

El gobierno de nuestro país trabaja para todas las personas del país. El gobierno sigue un plan que se escribió hace muchos años. Ese plan para el gobierno se llama la Constitución de los Estados Unidos.

The Constitution

We the People of the United States, in Order to form a more perfect Union, establish Justice, insure domestic Tranquility, provide for the common Defence, promote the general Welfare, and secure the Blessings of Liberty to ourselves and our Posterity, do ordain and establish this CONSTITUTION for the United States of America.

Article. I.

SECTION 1. All legislative Powers herein granted shall be vested in a Congress of the United States, which shall consist of a Senate and House of Representatives.

SECTION 2. The House of Representatives shall be composed of Members chosen every second Year by the People of the several States, and the Electors in each State shall have the Qualifications requisite for Electors of the most numerous Branch of the State Legislature.

No Person shall be a Representative who shall not have attained to the Age of twenty-five Years, and been seven Years a Citizen of the United States, and who shall not, when elected, be an Inhabitant of that State in which he shall be chosen.

[Representatives and direct Taxes shall be apportioned among the several States which may be included within this Union, according to their respective Numbers, which shall be determined by adding to the whole Number of free Persons, including those bound to Service for a Term of Years, and excluding Indians not taxed, three fifths of all other Persons.] The actual Enumeration shall be made within three Years after the first Meeting of the Congress of the United States, and within every subsequent Term of ten Years, in such Manner as they shall by Law direct. The Number of Representatives shall not exceed one for every thirty Thousand, but each State shall have at Least one Representative; and until such enumeration shall be made, the State of New Hampshire shall be entitled to chuse three, Massachusetts eight, Rhode-Island and Providence Plantations one, Connecticut five, New-York six, New Jersey four, Pennsylvania eight, Delaware one, Maryland six, Virginia ten, North Carolina five, South Carolina five, and Georgia three.

When vacancies happen in the Representation from any State, the Executive Authority thereof shall issue Writs of Election to fill such Vacancies.

The House of Representatives shall chuse their Speaker and other Officers; and shall have the sole Power of Impeachment.

SECTION 3. The Senate of the United States shall be composed of two Senators from each State, chosen by the Legislature thereof, for six Years; and each Senator shall have one Vote.

Immediately after they shall be assembled in Consequence of the first Election, they shall be divided as equally as may be into three Classes. The Seats of the Senators of the first Class shall be vacated at the Expiration of the second Year, of the second Class at the Expiration of the fourth Year, and of the third Class at the Expiration of the sixth Year, so that one-third may be chosen every second Year; and if Vacancies happen by Resignation, or otherwise, during the Recess of the Legislature of any State, the Executive thereof may make temporary Appointments until the next Meeting of the Legislature, which shall then fill such Vacancies.

No Person shall be a Senator who shall not have attained to the Age of thirty Years, and been nine Years a Citizen of the United States, and who shall not, when elected, be an Inhabitant of that State for which he shall be chosen.

The Vice President of the United States shall be President of the Senate, but shall have no Vote, unless they be equally divided.

The Senate shall chuse their other Officers, and also a President pro tempore, in the absence of the Vice President, or when he shall exercise the Office of President of the United States.

The Senate shall have the sole Power to try all Impeachments. When sitting for that Purpose, they shall be on Oath or Affirmation. When the President of the United States is tried, the Chief Justice shall preside: And no Person shall be convicted without the Concurrence of two thirds of the Members present.

Judgment in Cases of Impeachment shall not extend further than to removal from Office, and disqualification to hold and enjoy any Office of honor, Trust or Profit under the United States: but the Party convicted shall nevertheless be liable and subject to Indictment, Trial, Judgment and Punishment, according to Law.

SECTION 4. The Times, Places and Manner of holding Elections for Senators and Representatives, shall be prescribed in each State by the Legislature thereof; but the Congress may at any time by Law make or alter such Regulations, except as to the Place of Chusing Senators.

The Congress shall assemble at least once in every Year, and such Meeting shall be on the first Monday in December, unless they shall by Law appoint a different Day.

SECTION 5. Each House shall be the Judge of the Elections, Returns and Qualifications of its own Members, and a Majority of each shall constitute a Quorum to do Business; but a smaller number may adjourn from day to day, and may be authorized to compel the Attendance of absent Members, in such Manner, and under such Penalties as each House may provide.

Each House may determine the Rules of its Proceedings, punish its Members for disorderly Behavior, and, with the Concurrence of two thirds, expel a Member.

Each House shall keep a Journal of its Proceedings, and from time to time publish the same, excepting such Parts as may in their Judgment require Secrecy; and the Yeas and Nays of the Members of either House on any question shall, at the Desire of one fifth of those Present, be entered on the Journal.

Neither House, during the Session of Congress, shall, without the Consent of the other, adjourn for more than three days, nor to any other Place than that in which the two Houses shall be sitting.

SECTION 6. The Senators and Representatives shall receive a Compensation for their Services, to be ascertained by Law, and paid out of the Treasury of the United States. They shall in all Cases, except Treason, Felony and Breach of the Peace, be privileged from Arrest during their Attendance at the Session of their respective Houses, and in going to and returning from the same; and for any Speech or Debate in either House, they shall not be questioned in any other Place.

No Senator or Representative shall, during the Time for which he was elected, be appointed to any civil Office under the Authority of the United States, which shall have been created, or the Emoluments whereof shall have been encreased during such time; and no Person holding any Office under the United States, shall be a Member of either House during his Continuance in Office.

SECTION 7. All Bills for raising Revenue shall originate in the House of Representatives; but the Senate may propose or concur with Amendments as on other Bills.

Every Bill which shall have passed the House of Representatives and the Senate, shall, before it become a Law, be presented to the President of the United States; If he approve he shall sign it, but if not he shall return it, with his Objections to that House in which it shall have originated, who shall enter the Objections at large on their Journal, and proceed to reconsider it. If after such Reconsideration two thirds of that House shall agree to pass the Bill, it shall be sent, together with the Objections, to the other House, by which it shall likewise be reconsidered, and if approved by two thirds of that House, it shall become a Law. But in all such Cases the Votes of both Houses shall be determined by Yeas and Nays, and the Names of the Persons voting for and against the Bill shall be entered on the Journal of each House respectively. If any Bill shall not be returned by the President within ten Days (Sundays excepted) after it shall have been presented to him, the Same shall be a Law, in like Manner as if he had signed it, unless the Congress by their Adjournment prevent its Return, in which Case it shall not be a Law.

Every Order, Resolution, or Vote to which the Concurrence of the Senate and House of Representatives may be necessary (except on a question of Adjournment) shall be presented to the President of the United States; and before the Same shall take Effect, shall be approved by him, or being disapproved by him, shall be repassed by two thirds of the Senate and House of Representatives, according to the Rules and Limitations prescribed in the Case of a Bill.

SECTION 8. The Congress shall have Power To lay and collect Taxes, Duties, Imposts and Excises, to pay the Debts and provide for the common Defence and general Welfare of the United States; but all Duties, Imposts and Excises shall be uniform throughout the United States;

To borrow money on the credit of the United States;

To regulate Commerce with foreign Nations, and among the several States, and with the Indian Tribes;

To establish an uniform Rule of Naturalization, and uniform Laws on the subject of Bankruptcies throughout the United States;

To coin Money, regulate the Value thereof, and of foreign Coin, and fix the Standard of Weights and Measures;

To provide [illegible] Punishment of counterfeiting the Securities and current Coin of the United States;

[illegible] Roads;

[illegible] Arts, by securing for limited Times to Authors and Inventors the exclusive Right to their respective

El centro de nuestro gobierno está en Washington, D.C., la capital de nuestro país. El gobierno de los Estados Unidos tiene tres partes. Nuestro país necesita que todas esas partes funcionen para que haya un gobierno justo.

El Congreso trabaja en el Capitolio de los Estados Unidos.

Una parte del gobierno se llama Congreso. El **Congreso** escribe y vota por las leyes de todos nuestros estados. Los ciudadanos de cada estado eligen líderes para el Congreso. Esos líderes se llaman legisladores, porque ellos hacen las leyes.

El Capitolio de los Estados Unidos

El presidente es el jefe de otra parte del gobierno. El **presidente** es el líder de nuestro país. Los ciudadanos de todos los estados votan para elegir al presidente. El presidente firma las leyes. Además, trabaja con los líderes de otros países. ¿Quién es nuestro actual presidente?

El presidente vive y trabaja en la Casa Blanca.

Otra parte del gobierno es la Corte Suprema de Justicia. En la Corte Suprema hay nueve jueces llamados jueces de la Corte Suprema. El presidente elige a los jueces, pero una parte del Congreso debe aprobar las decisiones del presidente.

*El edificio de la Corte Suprema*

La Corte Suprema nos dice si las leyes son justas. También decide si se ha faltado a la ley. Los jueces se guían por la Constitución de los Estados Unidos.

*Sandra Day O'Connor fue la primera mujer jueza de la Corte Suprema, 1981.*

## ¿Qué aprendiste?

1. Compara los trabajos que hacen un alcalde, un gobernador y el presidente. ¿En qué se parecen? ¿En qué se diferencian?
2. ¿Cómo llega una persona a ser juez o jueza de la Corte Suprema?
3. **Piensa y comenta** Si pudieras trabajar en una de las partes del gobierno, comenta cuál escogerías y por qué.

# Conozcamos a Thurgood Marshall

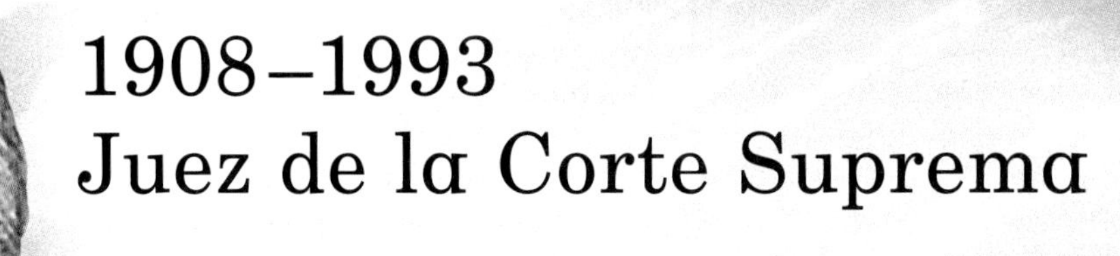

## 1908–1993
## Juez de la Corte Suprema

Thurgood Marshall fue el primer juez afroamericano de la Corte Suprema. Él luchó por los derechos de todos los estadounidenses.

Cuando Thurgood era niño, su padre lo llevaba al juzgado a observar juicios. Él y su hermano asistieron a la universidad en Pennsylvania. Después, Thurgood quiso ingresar a la facultad de derecho, pero lo rechazaron por ser afroamericano. Por esta experiencia resolvió dedicar el resto de su vida a trabajar por la igualdad de derechos. Logró ser aceptado en otra facultad de derecho, de la cual se graduó en el primer lugar de su clase.

Como abogado, Thurgood Marshall llevó muchos casos ante la Corte Suprema. Uno de sus casos fue acerca de niños afroamericanos que no eran aceptados en las escuelas con los niños blancos. Ése era un caso de segregación. Segregación quiere decir que se mantienen separadas a las personas según el color de su piel. Thurgood Marshall ganó este caso.

Thurgood Marshall fue escogido como juez de la Corte Suprema. Él continuó trabajando para hacer realidad la justicia y la igualdad para todas las personas.

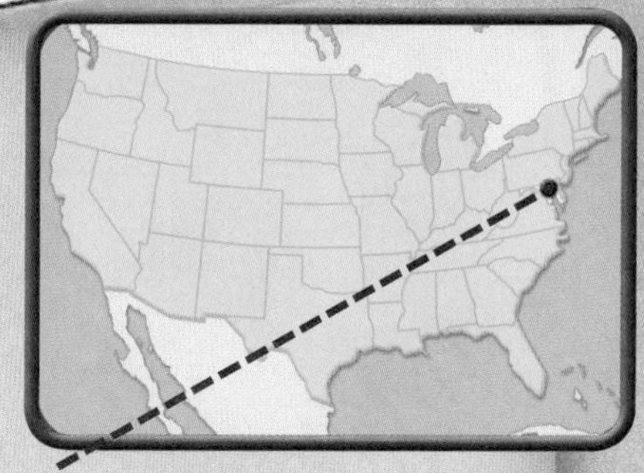

Thurgood Marshall nació en Baltimore, Maryland.

Los Jueces de la Corte Suprema, 1967

Thurgood Marshall

## Piensa y comenta

¿De qué forma ayudó Thurgood Marshall a que todos los estadounidenses fueran tratados con igualdad y justicia?

Para más información, visita *Personajes de la historia* en **www.estudiossocialessf.com.**

# Elección de líderes

Nuestra clase está aprendiendo acerca de la forma en que elegimos a nuestros líderes. La semana próxima, vamos a votar por un líder de la clase. ¿Cómo debe ser un buen líder? ¿Qué sabes acerca de las elecciones?

Todos los ciudadanos estadounidenses que tienen 18 años o más tienen derecho a votar. Primero, el ciudadano debe registrarse para votar. Luego, los ciudadanos se informan acerca de las personas que quieren ocupar el cargo.

Los ciudadanos toman decisiones acerca de quiénes serán sus líderes. Se hacen muchas preguntas. ¿Quién hará el mejor trabajo? ¿Puedo confiar en esa persona? ¿Se esforzará esa persona por hacer de nuestro país un lugar mejor donde vivir y trabajar? Es posible que hayas hablado con tu familia sobre cómo escoger líderes.

Elija al gobernador

Mis padres obtienen información en el periódico.

En los programas de televisión, se informan sobre los candidatos.

Hablan con sus amigos y vecinos sobre asuntos importantes.

Con la computadora averiguan más sobre esos asuntos.

Cuando llega el momento de las elecciones, los ciudadanos votan. Primero, reciben una boleta electoral. La boleta tiene una lista con los nombres de los candidatos a los distintos cargos. Después, cada ciudadano marca los nombres de los candidatos que quiera elegir. Por último, se cuentan los votos.

Mi mamá está pidiendo una boleta electoral.

Mi mamá sabe que votar es importante.

Mi mamá ayuda a elegir a los líderes del gobierno. Los líderes elegidos tienen que cumplir una labor importante. Yo puedo ayudar a elegir al líder de mi clase. También puedo votar para tomar decisiones en la clase.

## ¿Qué aprendiste?

1. ¿Cómo puede un ciudadano de nuestro país, mayor de 18 años, ayudar a elegir un líder?
2. Nombra tres maneras de informarte más sobre los candidatos de una elección.
3. **Piensa y comenta** ¿Cómo crees que debe ser un buen líder? Escribe una historia acerca de un líder, ya sea hombre o mujer.

# Tesoros de los presidentes

**Todos estos objetos pertenecieron a nuestros presidentes o a sus familiares.**

**El sombrero de copa de Lincoln**
Lincoln usaba este sombrero en el teatro Ford, la noche en que fue asesinado.

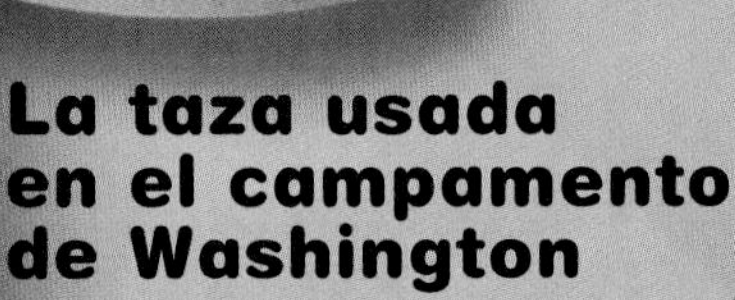

**La taza usada en el campamento de Washington**
El diseño en esta taza de plata es el emblema de la familia de George Washington.

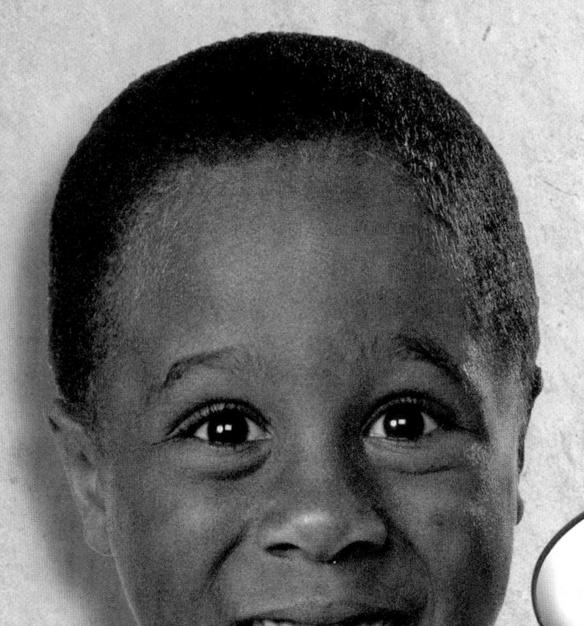

**Mira estas cosas de la vida y los tiempos de los líderes de nuestro país.**

**Sally, la muñeca de la Casa Blanca**
Esta muñeca fue hecha para Mary Louisa Adams, quien fue la primera niña que nació en la Casa Blanca. Su abuelo, John Quincy Adams, fue nuestro sexto presidente.

**El uniforme de Washington**
George Washington usaba este uniforme militar hace más de 200 años.

**Los lentes de Polk**
El presidente número 11 de nuestro país, James K. Polk, usaba estos lentes.

**El escritorio de Jefferson**
Thomas Jefferson escribió la Declaración de Independencia en este escritorio portátil, en 1776, antes de que llegara a ser presidente del país.

Estos objetos son del Smithsonian Institution.

Leamos juntos

Biografía

# Conozcamos a Susan B. Anthony

## 1820–1906
## Líder por la igualdad de derechos

Susan B. Anthony trabajó mucho para que las mujeres tuvieran derecho a votar. Fue la primera mujer cuyo retrato apareció en una moneda de los Estados Unidos.

Susan B. Anthony vivió durante una época en que no se daba un trato igual a hombres y mujeres. A ninguna mujer se le permitía votar. La mayoría de las mujeres no iba a la escuela.

La familia de Susan se interesaba en su educación. Susan aprendió a leer y a escribir a los tres años de edad. Cuando creció, su familia encontró una universidad que permitía el ingreso de mujeres. Susan se graduó de maestra.

Susan B. Anthony creía que las mujeres deberían tener los mismos derechos que los hombres. Ella creía que las mujeres también deberían tener derecho al voto. Ella votó en la elección presidencial de 1872. Fue arrestada y multada. Se negó a pagar la multa.

Susan B. Anthony viajó por todo el país hablando sobre los derechos de las mujeres. Habló en reuniones y escribió libros. Su trabajo constante llevó a una enmienda, o cambio, en la Constitución de los Estados Unidos. En 1920, a las mujeres se les permitió votar por primera vez.

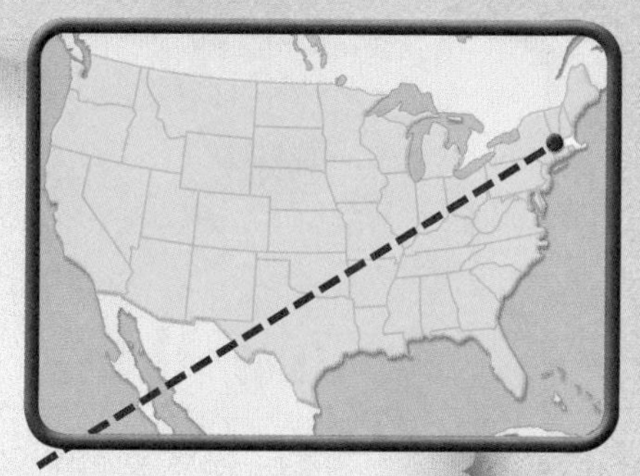

Susan B. Anthony nació en Adams, Massachusetts.

Susan B. Anthony frente a su escritorio

**Piensa y comenta**

¿De qué forma el trabajo de Susan B. Anthony mejoró la vida de los estadounidenses?

Moneda de un dólar con el rostro de Susan B. Anthony

Para más información, visita *Personajes de la historia* en **www.estudiossocialessf.com.**

Lección
5
En nuestro país, muchas personas han luchado por la libertad.

# La tierra de la libertad

La **libertad** es el derecho de todos los ciudadanos a tomar sus propias decisiones. La Declaración de Derechos es una lista de las libertades de todos los estadounidenses. Es una parte importante de nuestra Constitución.

Nuestro himno, o canción nacional, se llama *"The Star-Spangled Banner"*. La última parte de la canción dice que vivimos en "... la tierra de los libres y la patria de los valientes".

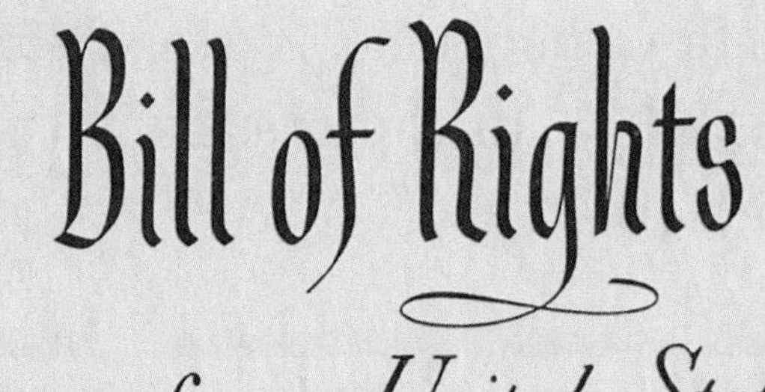

Bill of Rights

Congress OF THE United States,
begun and held at the City of New-York, on
Wednesday, the fourth of March, one thousand seven hundred and eighty nine.

THE Conventions of a number of the States having, at the time of their adopting the Constitution, expressed a desire, in order to prevent misconstruction or abuse of its powers, that further declaratory and restrictive clauses should be added: And as extending the ground of public confidence in the Government, will best insure the beneficent ends of its institution:

RESOLVED, by the SENATE and HOUSE of REPRESENTATIVES of the UNITED STATES of AMERICA in Congress assembled, two thirds of both Houses concurring, That the following Articles be proposed to the Legislatures of the several States, as Amendments to the Constitution of the United States; all, or any of which articles, when ratified by three fourths of the said Legislatures, to be valid to all intents and purposes, as part of the said Constitution, viz.

ARTICLES in addition to, and Amendment of the Constitution of the United States of America, proposed by Congress, and ratified by the Legislatures of the several States, pursuant to the fifth Article of the Original Constitution.

Article the first ...... After the first enumeration required by the first Article of the Constitution, there shall be one Representative for every thirty thousand, until the number shall amount to one hundred, after which, the proportion shall be so regulated by Congress, that there shall be not less than one hundred Representatives, nor less than one Representative for every forty thousand persons, until the number of Representatives shall amount to two hundred, after which, the proportion shall be so regulated by Congress, that there shall not be less than two hundred Representatives, nor more than one Representative for every fifty thousand persons. [Not Ratified]

Article the second .... No law, varying the compensation for the services of the Senators and Representatives, shall take effect, until an election of Representatives shall have intervened. [Not Ratified]

Article the third ....... Congress shall make no law respecting an establishment of religion, or prohibiting the free exercise thereof; or abridging the freedom of speech, or of the press; or the right of the people peaceably to assemble, and to petition the Government for a redress of grievances.

Article the fourth ..... A well regulated Militia, being necessary to the security of a free State, the right of the people to keep and bear Arms, shall not be infringed.

Article the fifth ....... No Soldier shall, in time of peace, be quartered in any house, without the consent of the owner, nor in time of war, but in a manner to be prescribed by law.

Article the sixth ...... The right of the people to be secure in their persons, houses, papers, and effects, against unreasonable searches and seizures, shall not be violated, and no Warrants shall issue but upon probable cause, supported by oath or affirmation, and particularly describing the place to be searched, and the persons or things to be seized.

Article the seventh ... No person shall be held to answer for a capital, or otherwise infamous crime, unless on a presentment or indictment of a grand jury, except in cases arising in the land or Naval forces, or in the Militia, when in actual service in time of War or public danger; nor shall any person be subject for the same offence to be twice put in jeopardy of life or limb; nor shall be compelled in any criminal case, to be a witness against

Un **lema** es una palabra o dicho que la gente trata de seguir en su vida diaria. El lema *Libertad* significa que somos libres. El lema *E Pluribus Unum* quiere decir "de muchos, uno". Los estadounidenses son muchas personas que viven en un solo país.

También tenemos símbolos que representan a nuestro país. La rosa es nuestra flor nacional. Aquí hay algunos símbolos que dibujé.

La Campana de la Libertad simboliza nuestra libertad.

El Tío Sam es un símbolo de los Estados Unidos de América.

El águila de cabeza blanca es nuestra ave nacional.

George Washington fue el primer presidente de los Estados Unidos. Ayudó a que el nuevo gobierno trabajara para toda la gente. Thomas Jefferson y Abraham Lincoln fueron otros presidentes importantes.

Nuestro país construyó monumentos para recordar a esos presidentes. Un **monumento** es un edificio o estatua en honor a una persona o a un suceso. Los monumentos a Washington, a Lincoln y a Jefferson se encuentran en Washington, D.C.

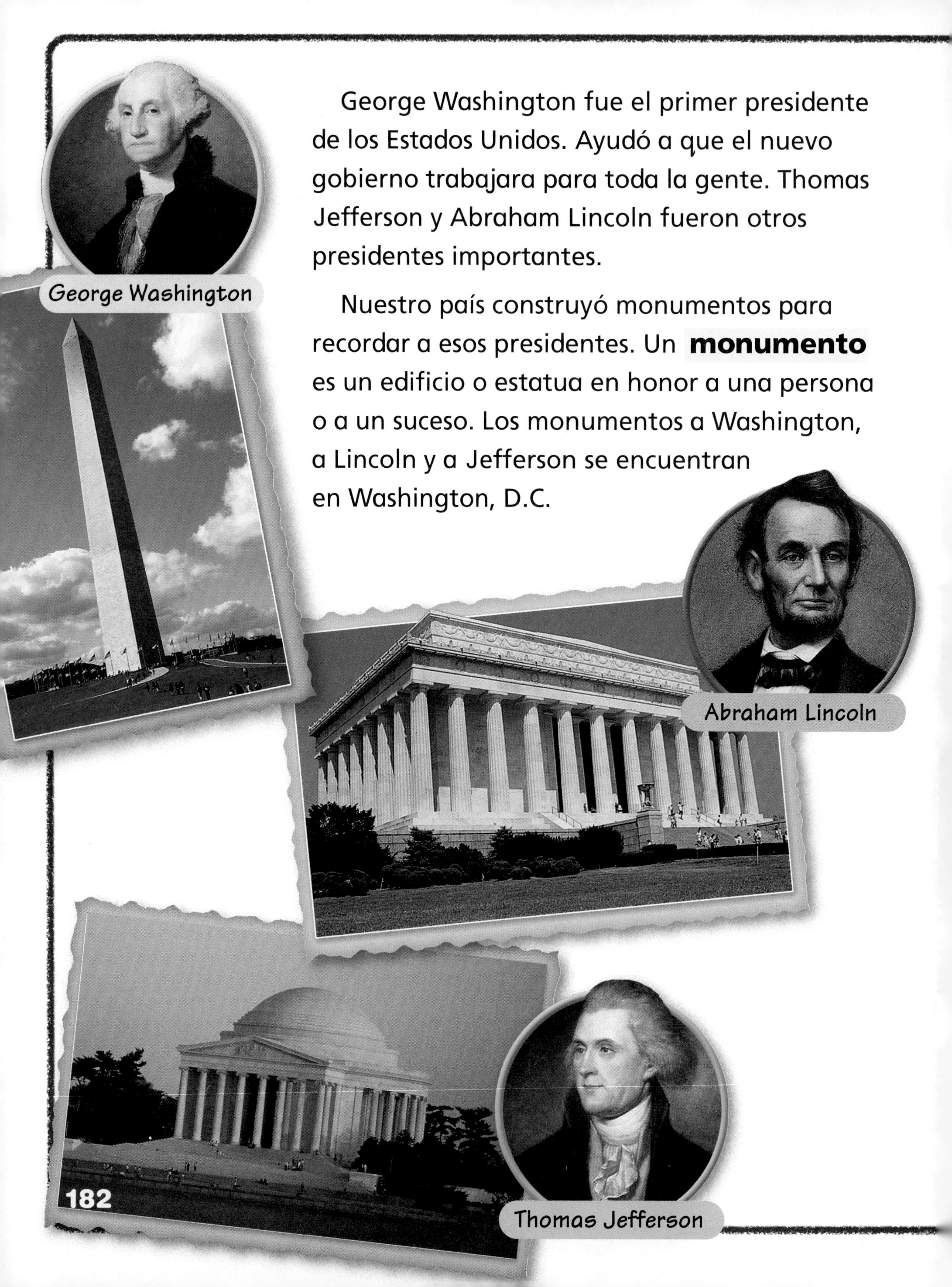

George Washington

Abraham Lincoln

Thomas Jefferson

El Dr. Martin Luther King, Jr., deseaba que todos fueran tratados con justicia. Durante mucho tiempo, los afroamericanos recibieron un trato injusto debido al color de su piel. El Dr. King pronunció discursos y encabezó marchas pacíficas. Se le recuerda todos los años en enero, en el Día de Martin Luther King, Jr.

## ¿Qué aprendiste?

1. Comenta cómo crees que sería vivir en un país que no tuviera nuestras libertades.
2. Nombra dos símbolos y un lema que representan a nuestro país.
3. **Piensa y comenta** Escribe teniendo como **tema** a un estadounidense famoso. Comienza con la **idea principal.** Agrega **detalles** que digan más acerca de tu **idea principal.**

# Usar un mapa con cuadrícula

Mira este mapa de Washington, D.C. Muchos de los edificios y monumentos que estás estudiando se pueden encontrar en este mapa.

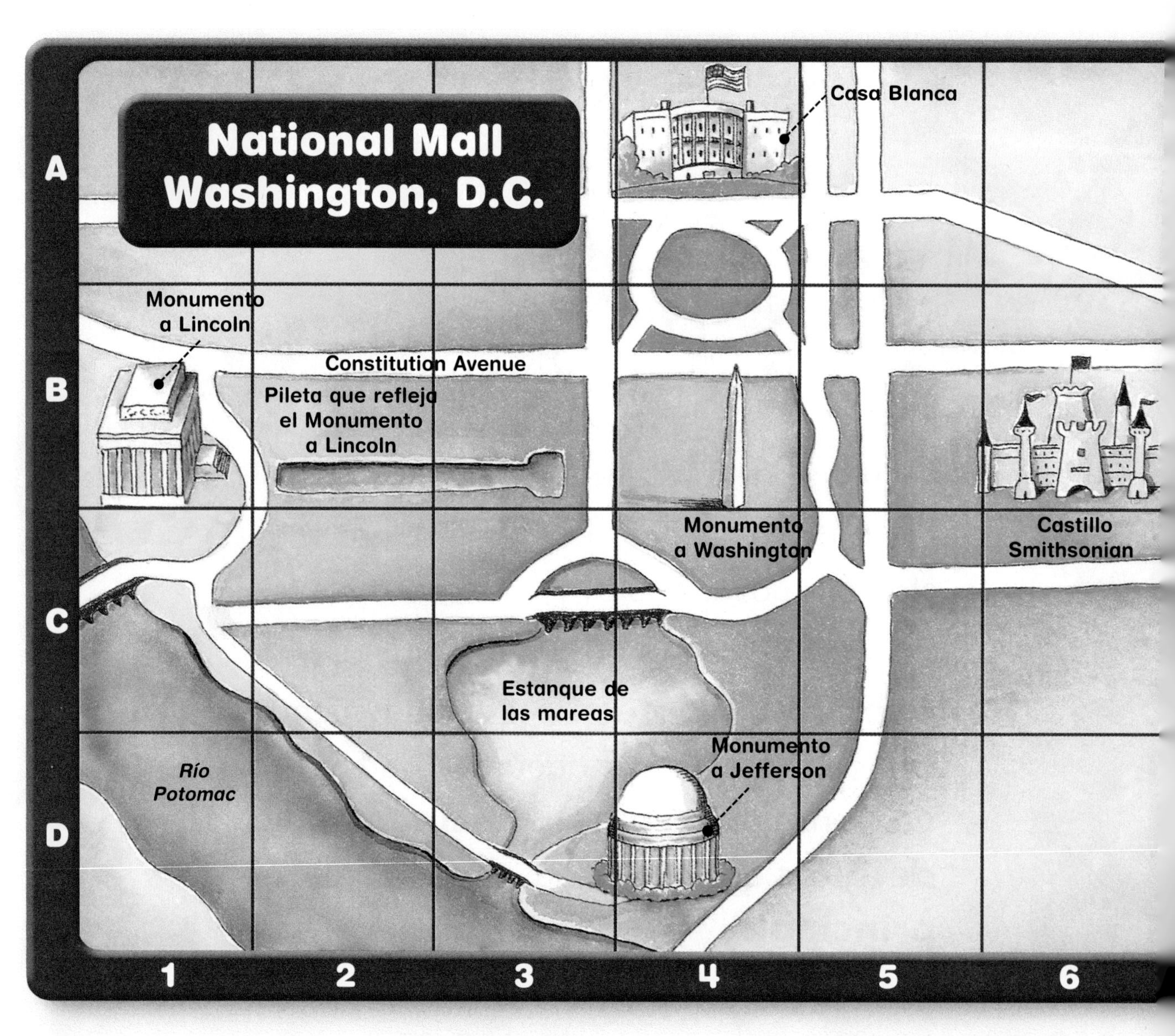

Este mapa tiene una cuadrícula. Una **cuadrícula** es un diseño con líneas que forman cuadros. Los cuadros tienen números y letras. Una cuadrícula se usa para encontrar lugares en un mapa. Señala el Monumento a Lincoln. Queda en el cuadro B-1. Señala el Castillo Smithsonian. Di el número y la letra de ese cuadro.

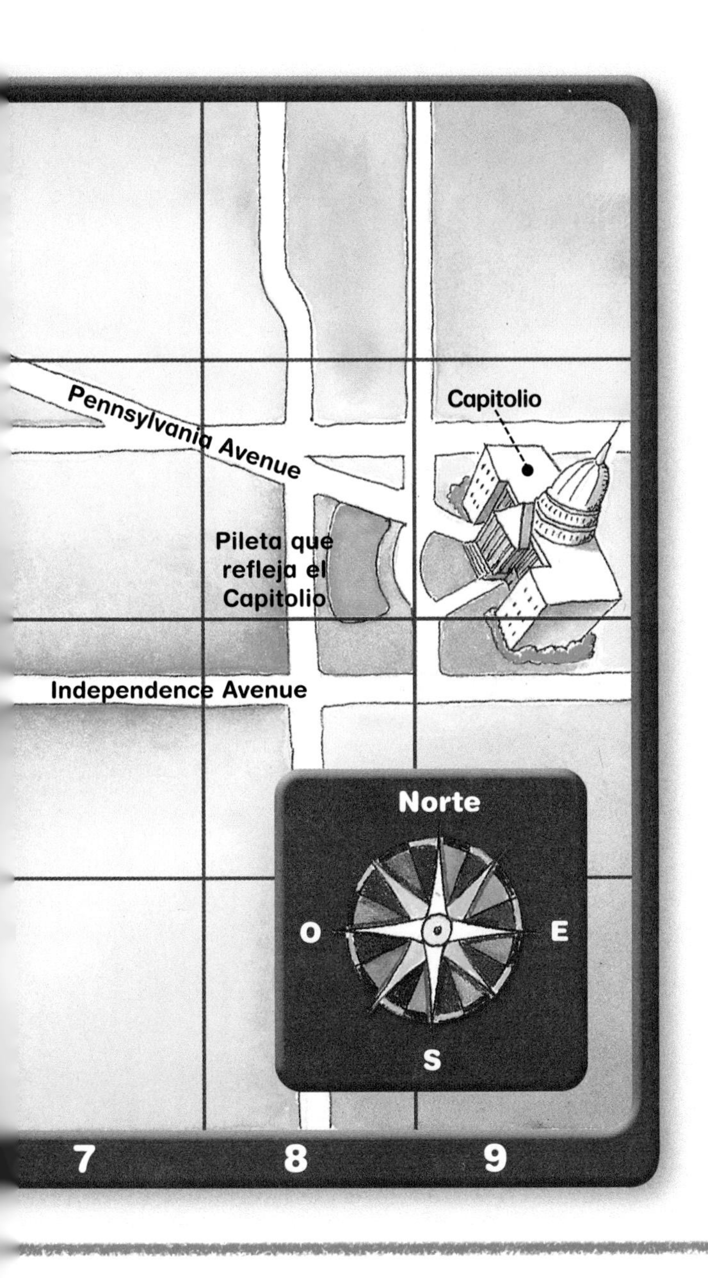


## ¡Inténtalo!

1. Busca la Casa Blanca en el mapa. Di la letra y el número de su cuadro.
2. ¿Qué se encuentra en el cuadro B-4?
3. **Por tu cuenta** Señala la Casa Blanca. Baja tres cuadros hacia el sur. ¿Cuál es el nombre del edificio que está en ese cuadro? ¿Cuál es la letra y el número?

# Las banderas del mundo

Sam y su clase están aprendiendo sobre las banderas de otros países. Cada bandera tiene colores y diseños distintos que representan a ese país.

Canadá: Este país tiene muchos árboles de arce. Busca la hoja de arce rojo en la bandera.

Brasil: Mira el globo terráqueo en el centro. Las estrellas están distribuidas para parecerse a un cielo de noche en Brasil.

La bandera de los Estados Unidos es roja, blanca y azul. Las estrellas representan cada uno de los 50 estados. Las franjas representan los primeros 13 estados de los Estados Unidos.

Para más información, visita el *Atlas* en **www.estudiossocialessf.com.**

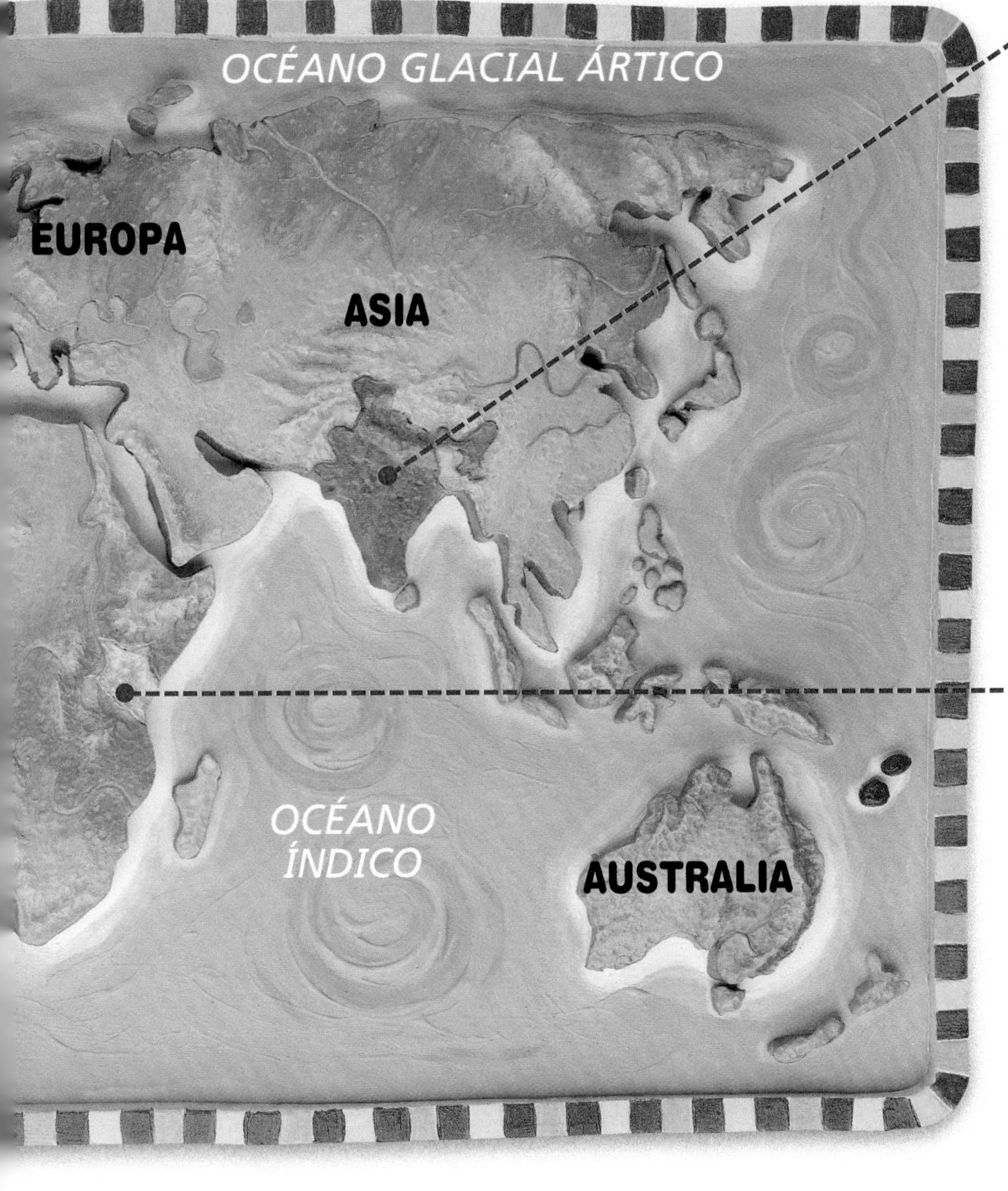

India: Tiene tres franjas: una anaranjada, una blanca y una verde. El símbolo que está en el centro es un Dharma chakra, o rueda.

Kenia: Esta bandera tiene tres franjas anchas. Mira el escudo y las lanzas del guerrero que están en el centro de la bandera.

# Terminemos con una canción

# You're a Grand Old Flag

**by George M. Cohan**

You're a grand old flag,
You're a high flying flag
And forever in peace may you wave.
You're the emblem of the land I love.
The home of the free and the brave.

Ev'ry heart beats true
'Neath the red, white, and blue,
Where there's never a boast or brag.
Should auld acquaintance be forgot,
Keep your eye on the grand old flag.

**por George M. Cohan**

Nuestra gran bandera,
la que vuela más alto.
¡Que se eleve en paz para siempre!
Emblema de la tierra querida,
tierra de los libres y valientes.

Los corazones palpitan leales,
ante el rojo, el blanco y el azul,
donde sólo se dicen verdades.
Si algún día empiezas a olvidar,
en nuestra gran bandera
no dejes de pensar.

UNIDAD 4

# Repaso

## Repaso del vocabulario

lema

libertad

monumento

ciudadano

presidente

Busca la palabra correcta para cada definición.

1. El derecho de cada ciudadano a tomar sus propias decisiones se llama _____.
2. Una palabra o dicho que la gente trata de seguir en su vida diaria es un _____.
3. El líder de nuestro país es el _____.
4. Una estatua en honor a una persona es un _____.
5. Un miembro de una comunidad, estado o país es un _____.

★ ★ ★ ★ ★ ★ ★ ★ ★

¿Qué palabra completa cada oración?

1. Un grupo de personas que trabajan juntas para administrar una ciudad, un estado o un país es un _____.

   **a.** gobierno **b.** Congreso

   **c.** presidente **d.** alcalde

2. El ________ escribe y vota por las leyes de nuestro país.

   **a.** alcalde **b.** gobernador

   **c.** presidente **d.** Congreso

# Repaso de las destrezas

## Idea principal y detalles

Escribe acerca de un símbolo que represente a nuestro país. Escribe la **idea principal** en la primera oración. Añade los **detalles** que apoyen la **idea principal** en otras oraciones.

# Leer una tabla

Mira esta tabla y contesta las preguntas.

1. ¿En cuál de las banderas hay un oso pardo?
2. ¿Cuál de los estados es el de la Estrella Solitaria?

| Estado | Bandera | Información sobre la bandera |
|---|---|---|
| Texas | | Ésta es la bandera de la Estrella Solitaria. |
| California | CALIFORNIA REPUBLIC | El oso pardo representa la valentía. |
| Carolina del Norte | N★C | Los colores son los mismos de la bandera de los Estados Unidos. |
| Virginia | | El escudo del estado está en el centro de esta bandera. |
| Indiana | | La antorcha con llamas representa la libertad. |

# Repaso de las destrezas

## Usar un mapa con cuadrícula

Lee el mapa con cuadrícula para responder estas preguntas.

1. ¿En cuál cuadro está el capitolio del estado?
2. ¿Qué queda en el cuadro C-3?

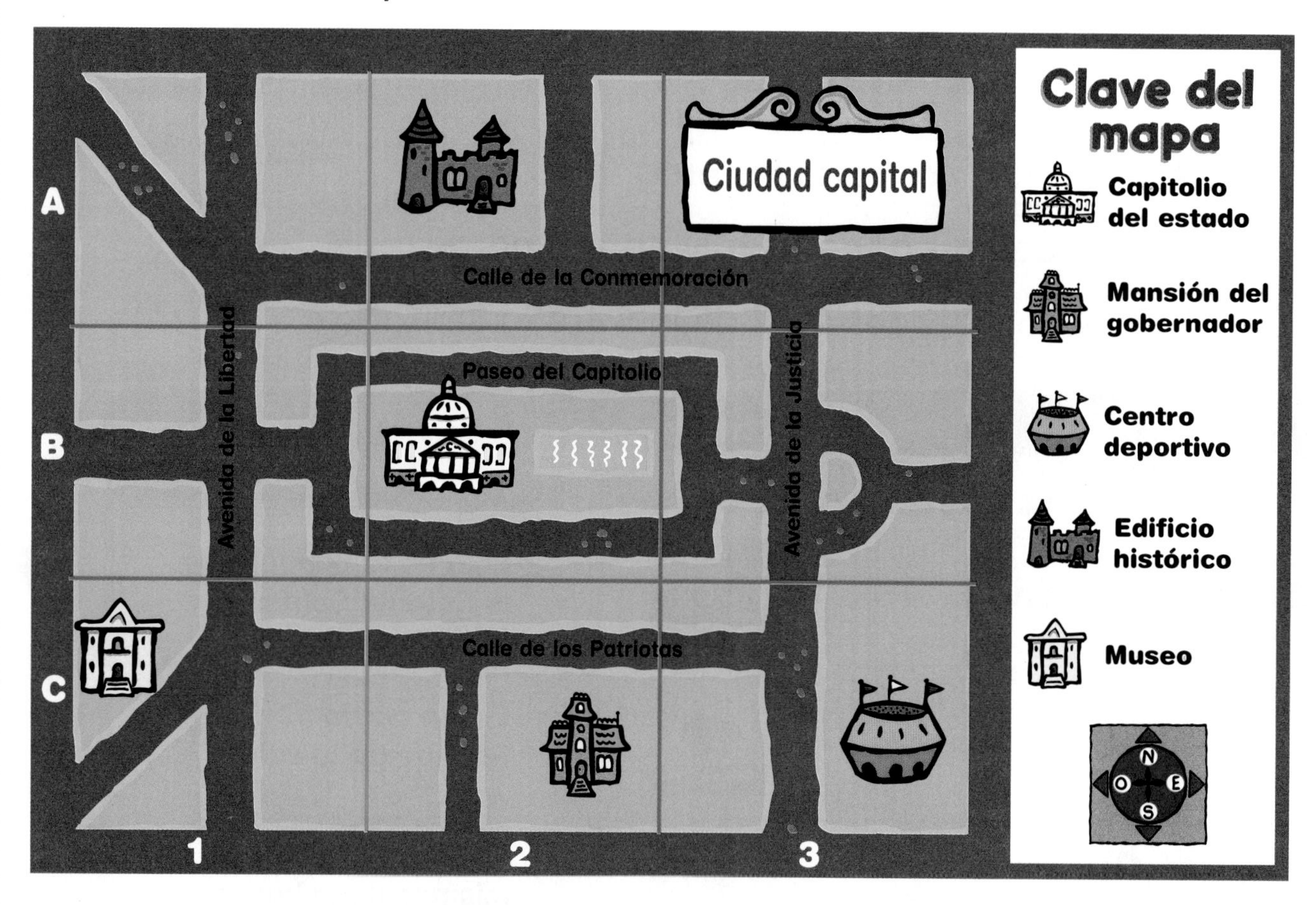


## Destrezas por tu cuenta

Dibuja un mapa de tu salón de clases. Haz una cuadrícula en el mapa. Usa los cuadros para decir la ubicación de alguna cosa en tu mapa.

# ¿Qué aprendiste?

1. ¿Por qué necesitamos tener un gobierno?
2. Explica por qué son importantes las bibliotecas, las escuelas y los parques para una comunidad.
3. ¿Por qué crees que es importante que voten los ciudadanos?
4. **Escribe y comenta** Escribe acerca del siguiente **tema**: ¿Qué hacen las personas del gobierno? Escribe tu **idea principal** en la primera oración. Escribe otras oraciones que den **detalles** acerca de la **idea principal.**

Busca detalles que apoyen tu respuesta.

# Lee acerca de tu país

Busca libros como éstos en la biblioteca.

# UNIDAD 4 Proyecto

## ¡A votar!

**Las elecciones son importantes. Aquí tienes una oportunidad de hacer una campaña electoral por tu candidato favorito.**

1. **Elijan,** con toda la clase, un cargo público para tener elecciones.

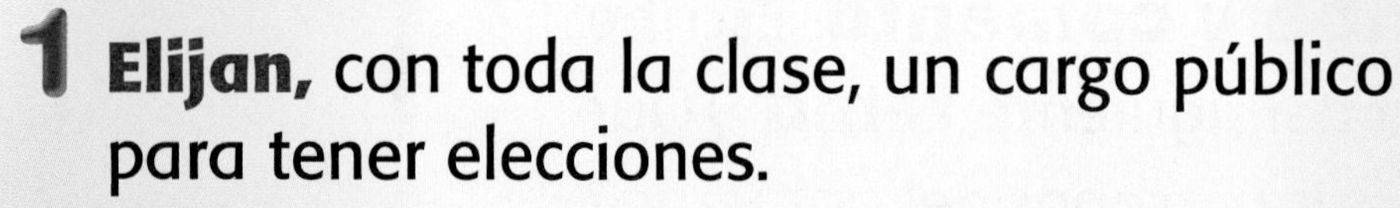

2. **Dividan** la clase en grupos. Con los compañeros de tu grupo, elijan un personaje de un libro para presentarlo como candidato al cargo.
3. **Dibujen** un cartel para la campaña de su candidato. Escriban un anuncio publicitario para el candidato. Expliquen al resto de la clase por qué el candidato de ustedes es el mejor.
4. **Voten** por el mejor candidato.

**Actividad en la Internet**

Visita www.estudiossocialessf.com/actividades para aprender más sobre nuestro país en la actualidad.

# Nuestro país en el pasado

UNIDAD
5
¿Por qué es importante conocer la historia de nuestro país?

# Llegaron a las Américas

por Dónald Gutiérrez

Con la música de
"Cielito lindo"

**Llegaron a las Américas,**
**desde Europa hace muchos años,**
**colonos esperanzados**
**que los indígenas vieron extraños.**

**Ay, ay, ay, ay,**
**¡cuántos colonos!**
**Y los indígenas compartieron**
**lo que tenían con todos.**

# Vocabulario ilustrado

viviendas

tradición

explorador

colonia

Personajes de la historia
Cristóbal Colón
Lewis & Clark y Sacagawea
Camino de Oregón
4 de Julio
13 colonias
Declaración de Independencia
Nueva York
Nueva Jersey
New Hampshire
Maryland
Delaware
Rhode Island
Carolina del Norte
Carolina del Sur
Virginia
Pennsylvania
Georgia
Massachusetts
Connecticut

colono

independencia

pionero

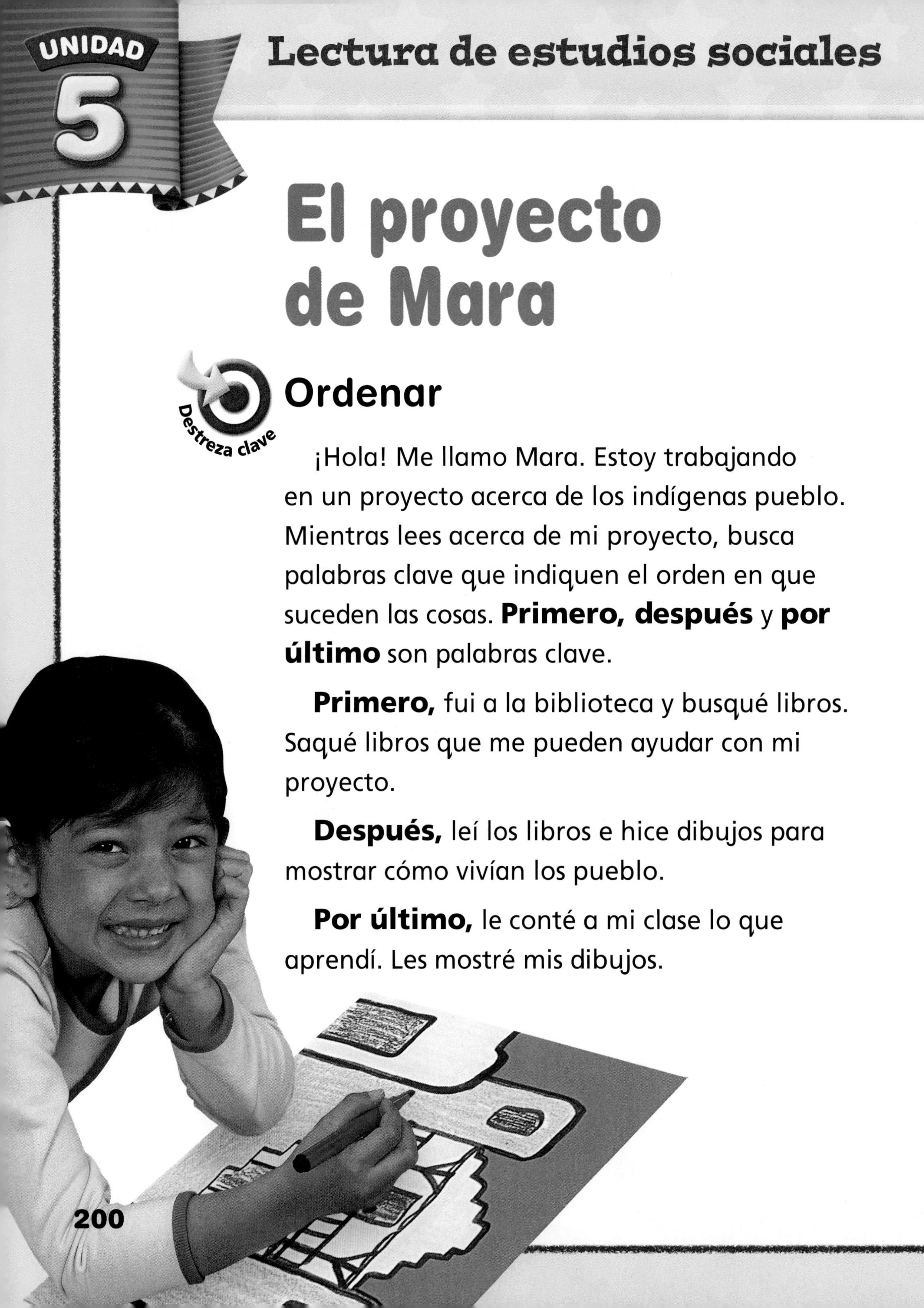

# El proyecto de Mara

## Ordenar

Destreza clave

¡Hola! Me llamo Mara. Estoy trabajando en un proyecto acerca de los indígenas pueblo. Mientras lees acerca de mi proyecto, busca palabras clave que indiquen el orden en que suceden las cosas. **Primero, después** y **por último** son palabras clave.

**Primero,** fui a la biblioteca y busqué libros. Saqué libros que me pueden ayudar con mi proyecto.

**Después,** leí los libros e hice dibujos para mostrar cómo vivían los pueblo.

**Por último,** le conté a mi clase lo que aprendí. Les mostré mis dibujos.

Ahora mira estas fotos. Cuenta lo que hice usando las palabras clave **primero, después** y **por último.**

**Primero**

**Después**

**Por último**

## ¡Inténtalo!

Cuenta cómo te preparas para ir a la escuela. Usa las palabras clave **primero, después** y **por último.** Haz dibujos para mostrar en qué orden haces las cosas.

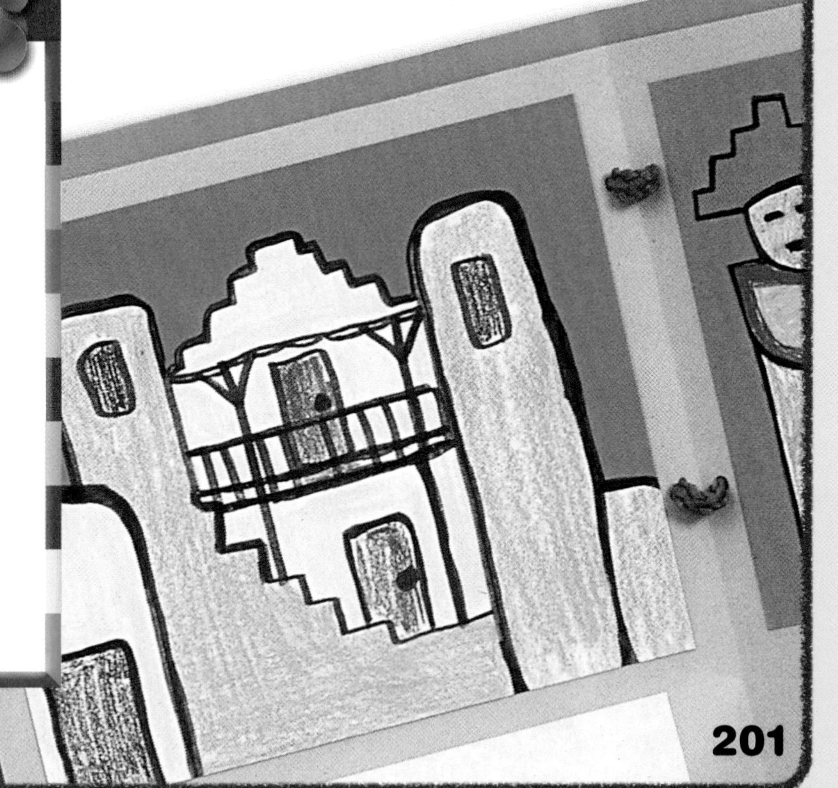

Lección 1

# Los primeros norteamericanos

Mi clase está aprendiendo acerca de los indígenas norteamericanos. Mira este mapa de los Estados Unidos. Nos muestra dónde vivían hace mucho tiempo tres de los numerosos grupos de indígenas norteamericanos. Algunos de ellos viven todavía en esas regiones del país.

Hicimos una tabla para mostrar las diferentes culturas, o estilos de vida, de los indígenas norteamericanos. Cada grupo usaba los recursos que tenía a su alrededor para hacer sus alimentos, vestuario y vivienda. Una **vivienda** es un lugar para vivir.

**Grupos indígenas norteamericanos**

| | Alimentación | Vestuario | Vivienda | Transporte |
|---|---|---|---|---|
| Powhatanos | Venados, pescado, nueces, moras, maíz | Hecho de pieles de animales | Vivienda comunal | Caminaban, viajaban en canoa |
| Sioux | Búfalo | Hecho de piel de búfalo | Tipi | Andaban a caballo, caminaban |
| Pueblo | Maíz, frijoles, calabazas | Hecho de fibras de algodón | Viviendas de adobe | Caminaban |

## Los powhatanos

Muchos powhatanos vivían a lo largo de la costa atlántica. Allí los inviernos eran suaves y los veranos calurosos. Los hombres pescaban y cazaban. Además hacían canoas de los árboles. Las mujeres recolectaban y cultivaban los alimentos. Ellas también se encargaban de construir las viviendas y cuidar a los niños.

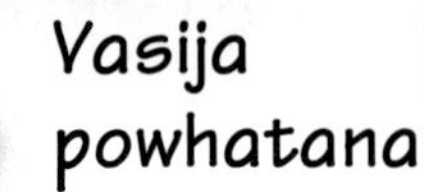

Vasija powhatana

Los niños powhatanos escuchaban cuentos y leyendas y jugaban. Uno de los juegos consistía en una competencia de contar palitos.

## Los sioux

Muchos sioux vivían en las llanuras de pastos verdes. Allí hacía mucho frío en invierno y mucho calor en verano. Los sioux cazaban búfalos. De ellos usaban su carne para comida, y su piel para vestuario y viviendas.

Como eran cazadores, los sioux se mudaban con frecuencia detrás de sus presas. Por eso necesitaban viviendas que fueran fáciles de armar y desarmar. Construían tipis. **Primero,** ataban varios postes largos. **Después,** los extendían en forma de círculo. **Por último,** cubrían los postes con pieles de búfalo.

Abrigo sioux de piel de búfalo pintada

## Los pueblo

Gran parte del grupo de los pueblo vivía en el desierto seco del Suroeste. Allí había pocas plantas y animales para comer. Algunos indígenas pueblo se dedicaban a la agricultura.

Los pueblo vivían en aldeas y hacían sus viviendas de piedra o adobe. Se llama adobe a ladrillos de barro secados al sol.

Los pueblo hacían vasijas de barro para guardar comida y agua. Hoy en día, algunos indígenas pueblo siguen haciendo vasijas de la misma manera.

Agricultores pueblo cuidando sus cosechas

Vasija pintada

## ¿Qué aprendiste?

1. Mira el mapa de la página 202. ¿Cuál de los grupos de indígenas norteamericanos está más cerca del océano Atlántico?
2. Mira la tabla de la página 203. Explica cómo usaba cada grupo los recursos que tenía a su alrededor para satisfacer sus necesidades.
3. Cuenta cómo los sioux hacían los tipis. Usa las palabras clave **primero, después** y **por último.**

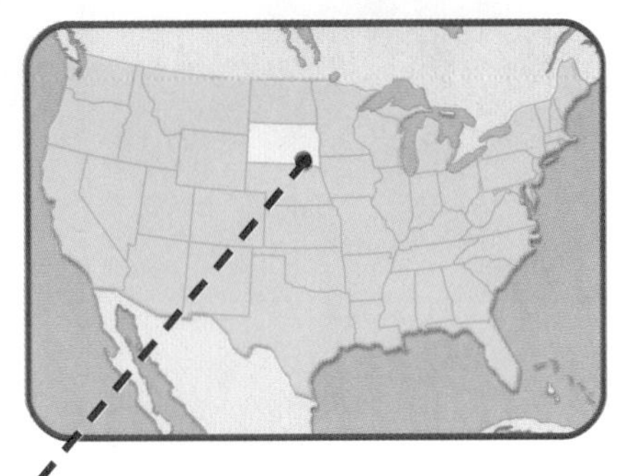

Ella Cara Deloria nació en la reserva sioux de Yankton, en Dakota del Sur.

# Ella Cara Deloria

Ella Cara nació en una reserva sioux en Dakota del Sur. A los habitantes de la reserva también se les llamaba los dakotas. Su nombre dakota era Anpetu Waste. Eso quiere decir "día hermoso".

Ella Cara hablaba sioux antes de que aprendiera a hablar inglés. Sus padres querían que ella tuviera una buena educación. Dejó la reserva para ir a la escuela. Más tarde, estudió en la universidad y se graduó de maestra.

VALORES CÍVICOS
Bondad
Respeto
Responsabilidad
Justicia
Honestidad
Valentía

Ella Cara Deloria quería aprender más sobre los sioux. Estudió su cultura, o forma de vida. Los sioux confiaban en ella porque veían que era una persona honesta y hablaba su idioma. Hablaban con ella acerca de su vida familiar y sus ceremonias religiosas. Los cuentistas compartían con ella los cuentos de sus antepasados.

Ella Cara Deloria

Ella Cara Deloria escribió muchos libros sobre el idioma y la cultura de los sioux. En *Waterlily* (Lirio del agua), cuenta la historia de una joven dakota. También escribió acerca de las tradiciones de los sioux. Una **tradición** es algo que un pueblo o una persona hace de la misma manera desde hace muchos años. Ella quería que las tradiciones de los sioux se conservaran.

Ella Cara Deloria es recordada por sus relatos verdaderos de la historia de su comunidad. Así contribuyó a que otras personas entendieran mejor la cultura de los indígenas sioux.

## La honestidad en acción

¿Por qué piensas que la honestidad era muy importante en lo que decía y escribía Ella Cara Deloria? ¿En qué forma puedes practicar la honestidad?

# Vestuarios indígenas

**Estas hermosas piezas de vestuario de los indígenas norteamericanos representan a diferentes tribus.**

**Mocasines apaches**
La punta redondeada de estos mocasines protegen los dedos de los pies de las espinas de cactus, rocas, palos y culebras.

**¿Qué materiales crees que usaban los apaches para hacer estos mocasines?**

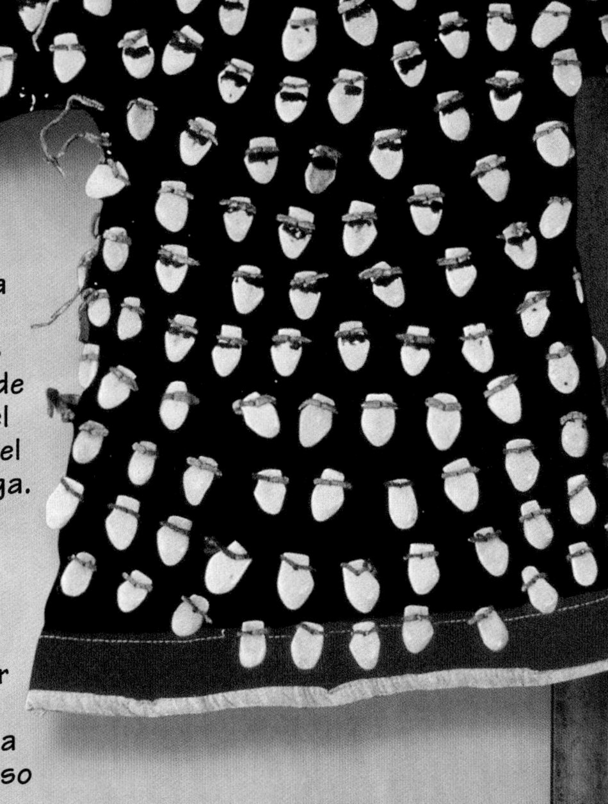

### Vestido crow de danza

Este vestido para niños, hecho de lana azul y roja, está decorado con tallos que imitan dientes de alce. Los dientes del alce representaban el amor y una vida larga.

### Bolso ojibwe con abalorios

La mayoría de estos bolsos eran hechos por las mujeres, pero los usaban los hombres. La confección de cada bolso tardaba como un año.

### Sombrero tlingit

Muchos indígenas tlingit recogían raíces de abeto de los bosques cercanos. Este sombrero fue tejido con raíces de abeto y decorado con dibujos.

### Camisa seminola para niños

Las mujeres y las niñas cosían estas camisas grandes para los hombres y los niños de sus familias. Los diseños, hechos con retacitos de tela, requerían mucha habilidad.

Estos objetos son del Smithsonian Institution.

# Las colonias

Los exploradores de Europa navegaron a través del océano Atlántico y desembarcaron en las costas de América del Norte. Un **explorador** es una persona que viaja a un nuevo lugar para conocerlo. Cristóbal Colón fue un explorador. Él viajó a las Américas.

Moneda de oro española

Varios exploradores de España llegaron a la Florida en busca de oro. Construyeron una colonia española que se llamó San Agustín (hoy día St. Augustine). Una **colonia** es un lugar poblado por personas de otro país. Al poco tiempo llegaron más personas de España para vivir en América del Norte.

St. Augustine es la comunidad europea más antigua de los Estados Unidos.

Más adelante, los colonos ingleses se establecieron en Jamestown. Un **colono** es una persona que vive en una colonia. Inglaterra gobernaba a los colonos.

Los colonos de Jamestown pasaron momentos difíciles. Muchos de ellos se enfermaron. No tenían comida suficiente. No sabían cómo cultivar las nuevas tierras. Algunos colonos se dedicaron a buscar oro en lugar de comida.

Un líder llamado John Smith le mostró a la gente de Jamestown cómo trabajar. Despejaron los terrenos, construyeron casas, y sembraron y cazaron para obtener alimentos. Además comerciaban con los powhatanos para conseguir maíz.

Otra gente también quería vivir en nuestro país.

Fuerte Jamestown

Los peregrinos navegaron hacia América del Norte en un barco llamado *Mayflower*. Los peregrinos buscaban una vida mejor en las nuevas tierras.

Después de desembarcar, los peregrinos se establecieron en un lugar que llamaron Plymouth. Su primer invierno fue muy frío. No tenían suficiente comida.

Luego, los peregrinos conocieron a un miembro de la tribu wampanoag. Lo llamaron Squanto. Gracias a él pudieron sobrevivir. Él les enseñó dónde pescar y cazar. También les enseñó a cultivar maíz.

En el otoño, los peregrinos recogieron sus primeras cosechas. Los líderes decidieron hacer una celebración especial. Querían agradecer a Dios por la comida.

Invierno en la colonia de Plymouth

Los peregrinos invitaron a los wampanoags a su celebración. Probablemente comieron pan de maíz, pescado, venado y pavo. Además bailaron y jugaron. Más tarde, esta celebración se llamó Día de Acción de Gracias.

Celebración del Día de Acción de Gracias

Actualmente, el Día de Acción de Gracias es un día festivo nacional. Se celebra todos los años el cuarto jueves de noviembre. Es una ocasión para dar gracias a nuestra familia y a nuestros amigos. Algunas personas dan las gracias ayudando a otros en la comunidad. ¿Cómo celebras tú el Día de Acción de Gracias?

## ¿Qué aprendiste?

1. ¿Por qué era difícil la vida para los colonos de Jamestown?
2. ¿Por qué el Día de Acción de Gracias es un día festivo importante?
3. **Piensa y comenta** Di o escribe cómo ayudó Squanto a los peregrinos.

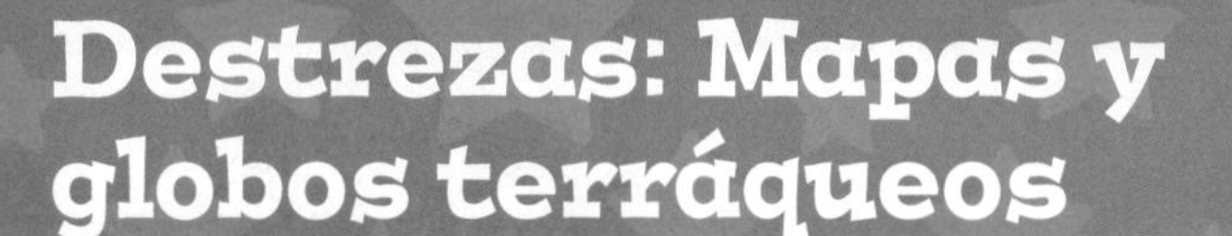


# Leer un mapa de historia

Los **mapas de historia** muestran dónde estuvieron ubicados algunos lugares hace mucho tiempo. Este mapa muestra los poblados de Jamestown y Plymouth.

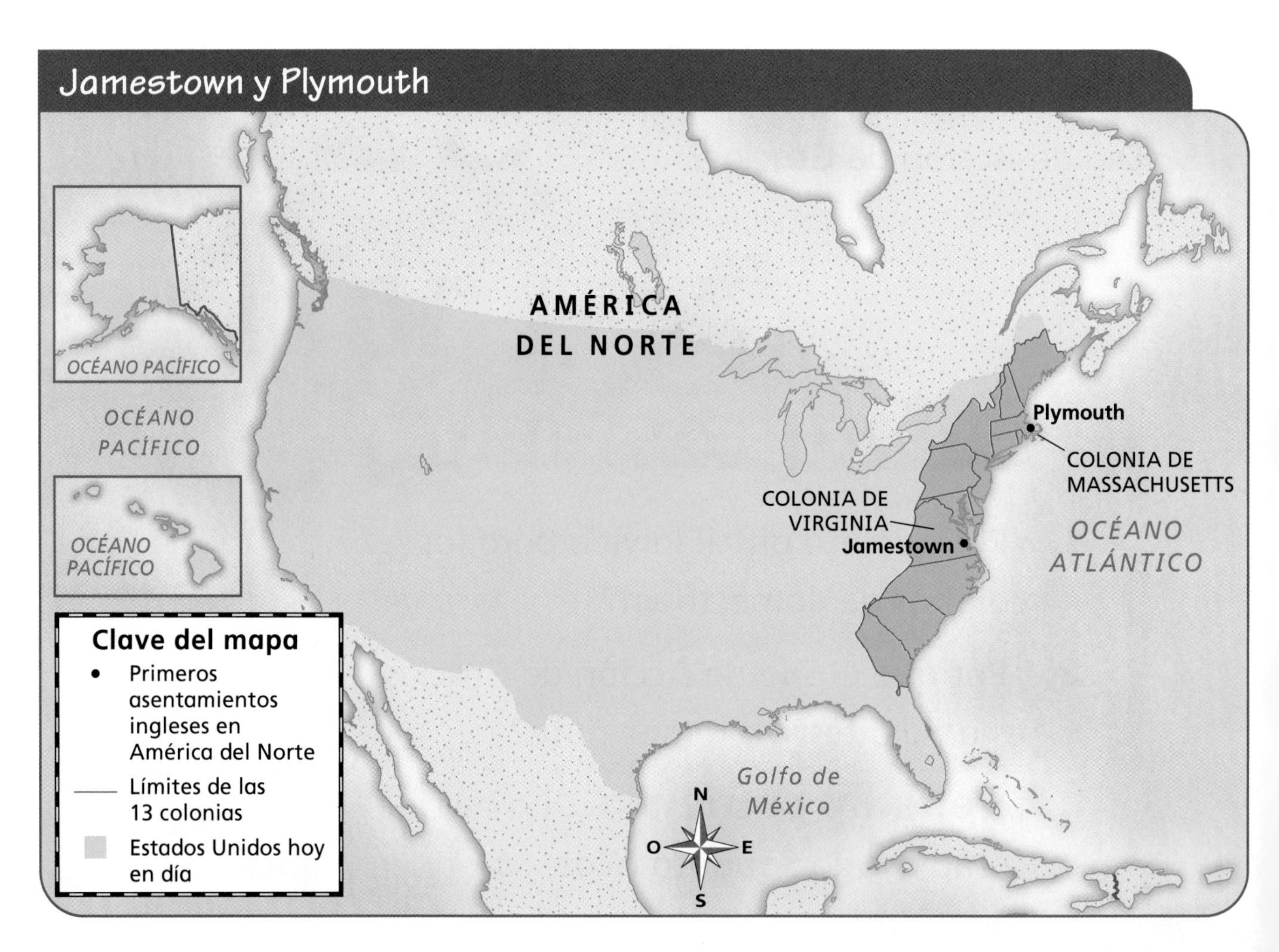

En 1607, tres barcos ingleses navegaban por un río. Al río lo llamaron James, que era el nombre del rey de Inglaterra. Al lugar donde se establecieron lo llamaron Jamestown. Este poblado pasó a ser parte de la colonia de Virginia.

*Poblado de Jamestown, 1615*

En 1620, los peregrinos desembarcaron en una costa rocosa. Al sitio donde se establecieron lo llamaron Plymouth, como el nombre de la ciudad de donde zarparon en Inglaterra. Plymouth pasó a ser parte de la colonia de Massachusetts.

## ¿Qué aprendiste?

1. ¿Cuál océano queda cerca de Jamestown y Plymouth?
2. ¿Plymouth queda al norte o al sur de Jamestown?
3. **Por tu cuenta** Dibuja un mapa que muestre dónde celebraron el Día de Acción de Gracias los peregrinos y los wampanoags. Ponle un título al mapa.

Para más información, visita el *Atlas* en **www.estudiossocialessf.com.**

Lección 3

# Trece colonias, un país

Después de la llegada de los colonos de Jamestown y los peregrinos de Plymouth, grupos más grandes de gente de Inglaterra y de otros países vinieron a vivir a América del Norte. Muy pronto hubo 13 colonias.

Las colonias todavía eran gobernadas por Inglaterra. Tenían leyes que a muchos colonos no les gustaban. Ellos tenían que pagar impuestos que les parecían injustos.

Las colonias de Inglaterra, en 1775

Firma de la Declaración de Independencia

Las 13 colonias empezaron a trabajar unidas como una sola colonia. Patrick Henry era un colono de Virginia. Él dijo: "No soy virginiano. Soy norteamericano".

La mayoría de los colonos quería su independencia de Inglaterra. **Independencia** quiere decir ser libre de otras personas u otros lugares. Thomas Jefferson fue escogido para escribir la Declaración de Independencia. La Declaración de Independencia fue aprobada el 4 de julio de 1776. Así las colonias empezaron a convertirse en un nuevo país, los Estados Unidos de América.

George Washington fue el primer presidente de nuestro país.

Inglaterra no quería darle la independencia a las colonias. Muchos colonos estaban dispuestos a luchar contra Inglaterra para ganar la libertad. Otros colonos, sin embargo, decidieron ser fieles a Inglaterra.

Así comenzó la Guerra de Independencia. George Washington fue escogido como jefe del ejército norteamericano. Francia y España acordaron ayudar a los norteamericanos en la guerra por su independencia. Fue una guerra larga y difícil. Al final, los norteamericanos ganaron su independencia.

George Washington en Valley Forge

Mi familia y yo celebramos el Día de la Independencia el 4 de julio todos los años. Ese día se celebra el nacimiento de nuestro país. En el Día de la Independencia, celebramos la libertad de nuestro país. Para mi familia es una tradición ir a ver un desfile, hacer un picnic y mirar los fuegos artificiales. ¿Cómo celebras tú el Día de la Independencia?

## ¿Qué aprendiste?

1. ¿Por qué muchos norteamericanos querían independizarse de Inglaterra?
2. ¿Qué hizo George Washington durante la Guerra de Independencia?
3. **Piensa y comenta** Escribe por qué es importante para los Estados Unidos recordar el 4 de julio de 1776.

# Conozcamos a Paul Revere

## 1735–1818
## Patriota y platero

Paul Revere fue un héroe para los norteamericanos desde antes de que comenzara la Guerra de Independencia. Él dio la advertencia de que las tropas inglesas estaban por llegar.

Paul Revere fue un patriota. Patriotas eran los colonos que querían independizarse de Inglaterra. En 1775, Paul Revere se enteró de que las tropas inglesas de Boston se preparaban para avanzar por el campo. Él y sus amigos idearon una señal secreta para avisar a los ciudadanos. Se colocarían dos lámparas en el campanario de la Iglesia del Norte de Boston. Si los ingleses salían de Boston por tierra, se vería una sola lámpara; si salían por mar, se verían las dos.

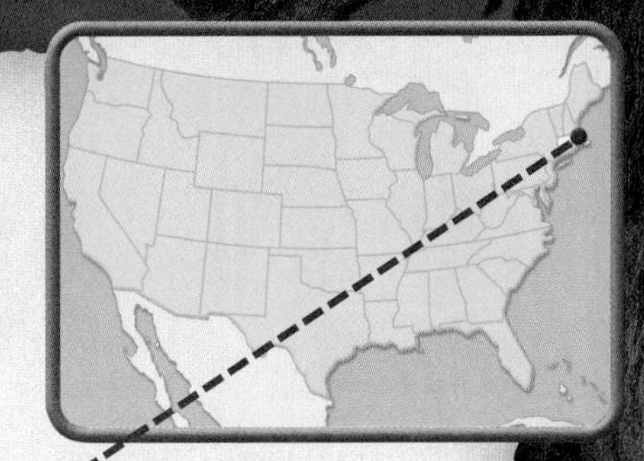

Paul Revere nació en Boston, Massachusetts.

La noche del 18 de abril de 1775 se vieron dos lámparas sobre el campanario. Paul Revere y otro patriota cabalgaron desde Boston hasta un pueblo llamado Lexington. Llegaron a tiempo para avisar a los demás que escaparan antes de que llegaran las tropas inglesas.

Iglesia del Norte

Paul Revere es recordado como patriota y artesano. También es recordado en un poema que se llama *"Paul Revere's Ride"* ("La carrera de Paul Revere").

Juego de té diseñado por Paul Revere

## Piensa y comenta

¿Cómo demostró Paul Revere sentirse responsable por la seguridad de los colonos?

Para más información, visita *Personajes de la historia* en **www.estudiossocialessf.com.**

# Nuestro país crece

Thomas Jefferson, el tercer presidente de los Estados Unidos, quiso explorar el Oeste del país. Los Estados Unidos compraron una gran extensión de tierra en el Oeste a los franceses. El presidente Jefferson también envió a un grupo de exploradores a buscar un camino hacia el océano Pacífico.

**Primero,** los exploradores salieron de San Luis, Missouri. Meriwether Lewis y William Clark guiaron a los exploradores. Viajaron corriente arriba por el río Missouri.

**Después,** Lewis y Clark conocieron a una mujer shoshone llamada Sacagawea. Ella ayudó a los exploradores a encontrar alimentos. Sacagawea también los ayudó a comunicarse con otros indígenas norteamericanos que encontraron a lo largo del camino.

**Por último,** Lewis y Clark dirigieron a los exploradores a través de las montañas Rocosas. Continuaron su marcha hasta que vieron el océano Pacífico.

Lewis y Clark regresaron a San Luis. El viaje duró unos dos años y medio. Lewis y Clark dibujaron mapas y escribieron diarios acerca de su viaje.

El diario de William Clark

## La ruta de Lewis y Clark

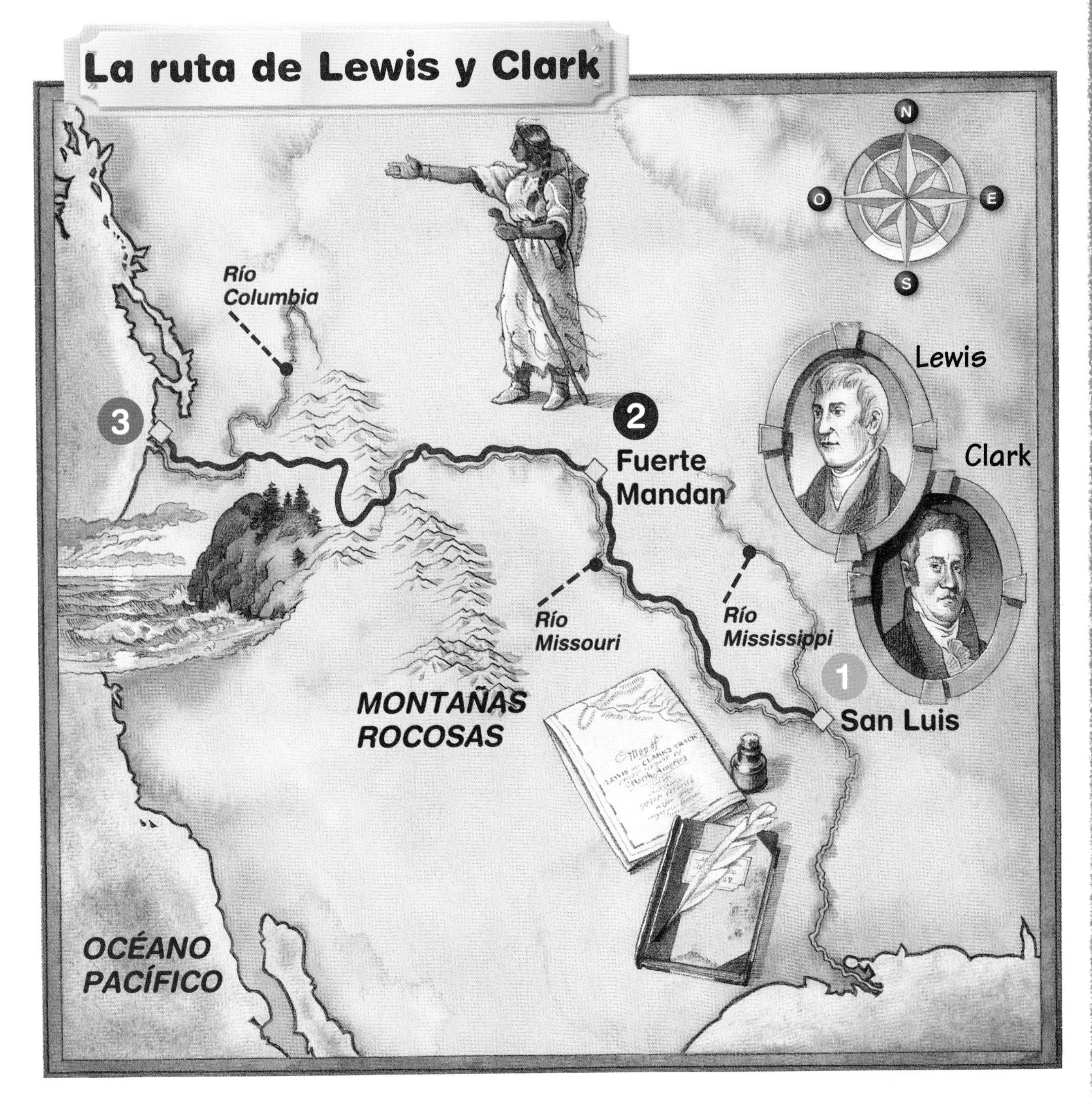

¿Qué puedes poner en una carreta?

Los pioneros fueron las primeras personas que viajaron al Oeste. Un **pionero** es una persona que va primero y prepara el camino para los demás. Los pioneros se fueron al Oeste porque querían ser dueños de terrenos y construir casas. Muchos pioneros se establecieron en tierras al oeste del río Mississippi.

Los pioneros viajaron al Oeste de muchas formas. Algunos fueron caminando o a caballo. Muchas familias viajaron en carretas. Ponían todo lo que cabía en una carreta. Si algo no cabía, lo dejaban.

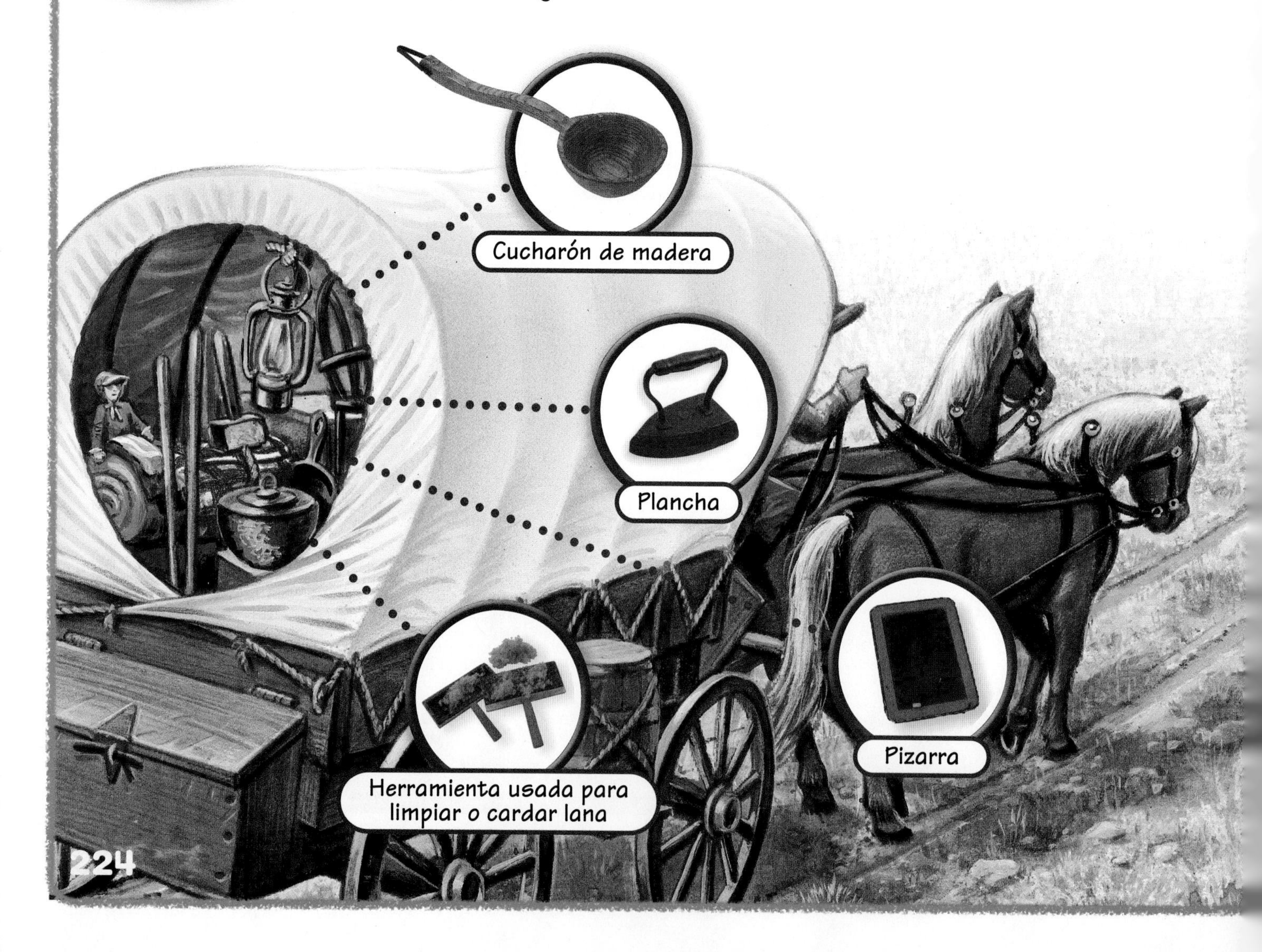

Muchos pioneros siguieron el Camino de Oregón para llegar al Oeste. El camino era largo y difícil. Los pioneros tenían que enfrentarse al mal clima. La lluvia y el viento les dañaban sus carretas. Los pioneros también tenían que viajar bajo fuertes tormentas de nieve y cruzar desiertos. Incluso, tuvieron que cruzar las montañas Rocosas.

## ¿Qué aprendiste?

1. Menciona tres medios que te ayudaron a aprender acerca de Lewis y Clark.
2. Busca el río Mississippi en el mapa. Ahora busca las montañas Rocosas. ¿Cuál queda más al oeste?
3. **Piensa y comenta** Imagínate que eres un pionero que sigue el Camino de Oregón hacia el Oeste. Di lo que pasa **primero, después** y **por último** en ese largo viaje.

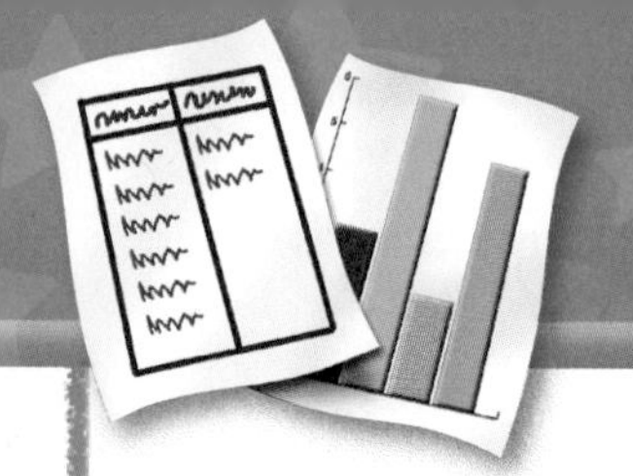



# Leer una línea cronológica

He aprendido mucho acerca de la manera como creció nuestro país. Dibujé una línea cronológica para mostrar algunos sucesos del viaje de Lewis y Clark. Una **línea cronológica** muestra el orden en que pasan las cosas.

## Mi línea cronológica de Lewis y Clark

Lewis y Clark comenzaron su viaje.

Lewis y Clark celebraron el Día de la Independencia.

Mayo

Junio

Julio

Agosto

# ¡Inténtalo!

1. ¿En qué mes comenzaron su viaje Lewis y Clark?
2. ¿Qué pasó en noviembre?
3. **Por tu cuenta** Dibuja una línea cronológica que muestre cuánto has crecido. Haz dibujos de cuando eras bebé, cuando recién empezabas a caminar y como estudiante de segundo grado.

**Lewis y Clark vieron animales que no habían visto nunca antes.**

**Lewis y Clark conocieron a Sacagawea.**

**Septiembre** **Octubre** **Noviembre**

Historia viva

# ¡Hacia el Oeste!

Cada vez, más y más gente quería venir al Oeste. Los trenes eran un medio de transporte más rápido que las carretas. También eran necesarios para que las provisiones que necesitaban las comunidades del Oeste llegaran más rápido.

Había muchas vías de ferrocarril en el Este, pero pocas en el Oeste. El país necesitaba un ferrocarril que uniera la costa este con la costa oeste.

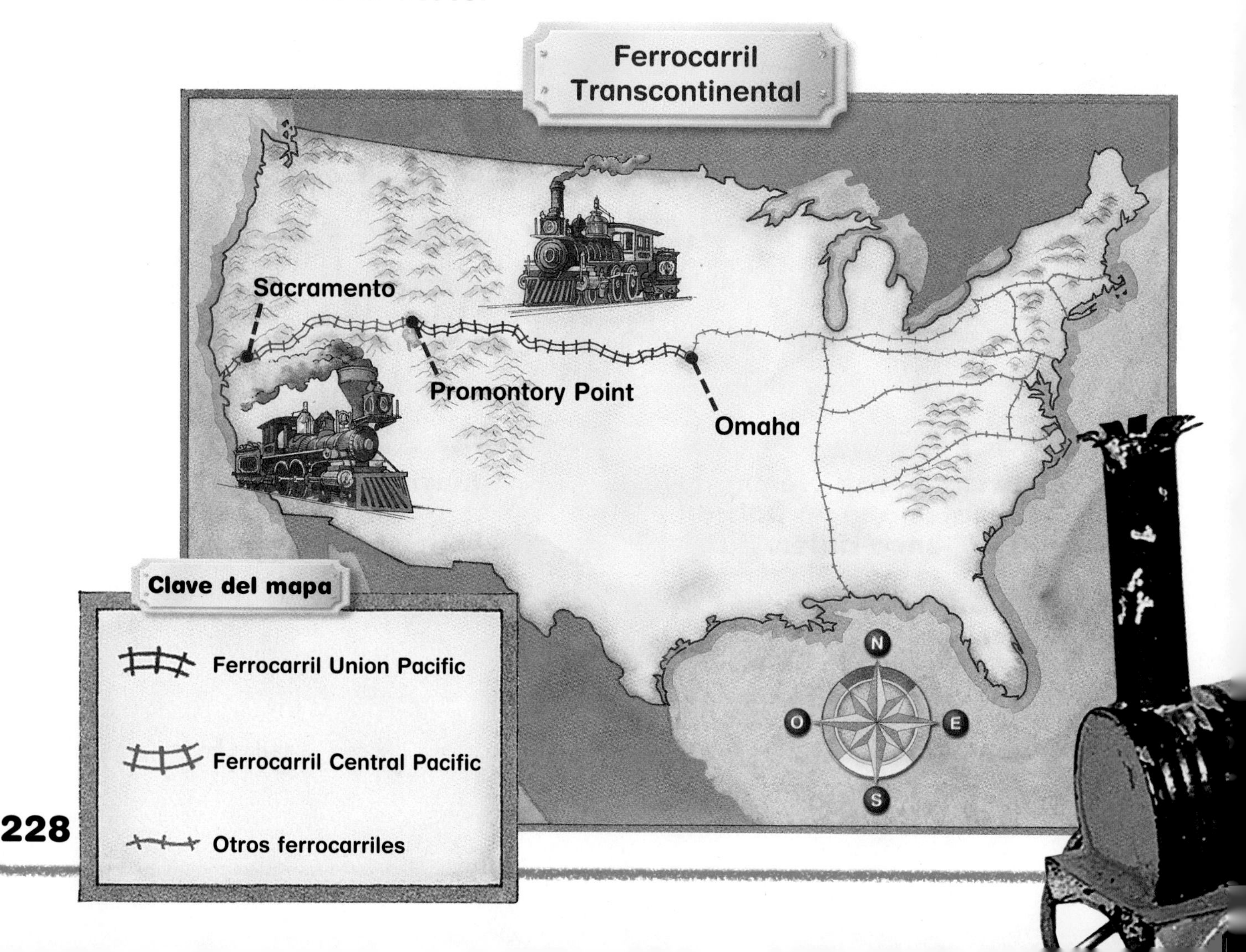

Dos grupos de trabajadores construyeron la parte oeste del ferrocarril. Un grupo comenzó cerca de Omaha, Nebraska. El otro grupo empezó en Sacramento, California. Los dos grupos se encontraron y unieron las vías del ferrocarril en Promontory Point, que queda en lo que hoy es Utah. Llevó siete años construir esas vías de ferrocarril.

Antes

Hoy día, hay trenes de alta velocidad que unen a varias ciudades. Estos trenes tienen una forma redondeada y pesan menos que los trenes de antes. Funcionan con la ayuda de computadoras. Los trenes de alta velocidad transportan a la gente de forma muy rápida de una ciudad a otra.

Ahora

## Taller de historia

Escribe acerca de cómo han cambiado los medios de transporte desde la época en que los pioneros viajaron hacia el Oeste. Luego haz dos dibujos que muestren el transporte en el pasado y en el presente.

# Recordamos a los estadounidenses

El país fue creciendo, pero no todos sus habitantes eran libres. Algunas personas fueron forzadas a dejar sus hogares en África. Las traían a las Américas por barco y las vendían como esclavos. Los esclavos son personas que pertenecen a otras personas y que tienen que trabajar para ellas.

Algunos esclavos trabajaban en fábricas o como sirvientes en los hogares. Muchos trabajaban al aire libre en pequeñas granjas o plantaciones. Cultivaban algodón y caña de azúcar. Los esclavos no recibían ningún pago por su duro trabajo.

Esclavos trabajando en una plantación de Virginia

Algunos afroamericanos intentaban escaparse, o irse. Harriet Tubman fue una de las que lograron escapar y obtener la libertad. Después, condujo a cientos de otros esclavos al camino hacia la libertad. Harriet Tubman es recordada por su valentía.

Frederick Douglass también escapó de la esclavitud. Escribió un libro donde relata su vida como esclavo. También publicaba un periódico para los afroamericanos. Además se le recuerda como un gran orador.

Harriet Tubman

Frederick Douglass

Muchas personas pensaban que la esclavitud era injusta. Pero otras no pensaban así. Después de que Abraham Lincoln llegó a la presidencia, hubo una guerra terrible en los Estados Unidos. Se le llamó la Guerra Civil.

La esclavitud fue una de las razones por las que estalló la Guerra Civil. Unos estadounidenses lucharon contra otros estadounidenses en esa guerra. Después de terminar la Guerra Civil, la esclavitud era ilegal. El presidente Lincoln ayudó a que terminara la esclavitud en los Estados Unidos.

Aunque la esclavitud terminó, los afroamericanos todavía no eran tratados justamente. Para muchos afroamericanos era difícil votar o participar en el gobierno. No se les trataba bien debido al color de su piel.

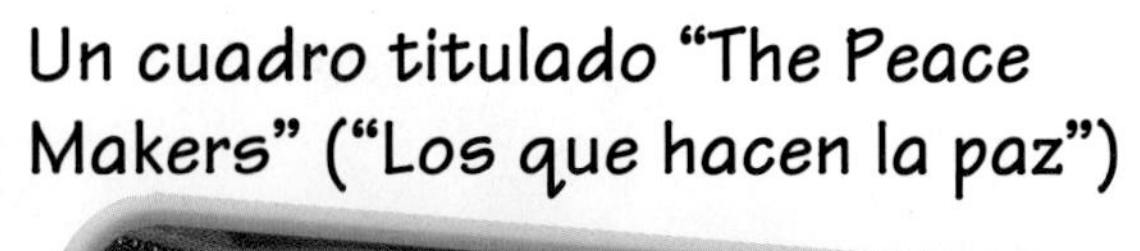

Un cuadro titulado “The Peace Makers” (“Los que hacen la paz”)

Abraham Lincoln

Hace más de 50 años, no se permitía que los afroamericanos jugaran deportes profesionales con los blancos. Jackie Robinson fue el primer jugador afroamericano en el beisbol moderno de las Grandes Ligas. Pasó a formar parte del equipo de los Dodgers de Brooklyn. Jackie Robinson decía: "El derecho de todos los estadounidenses a ser ciudadanos de primera clase es uno de los temas más importantes de nuestro tiempo".

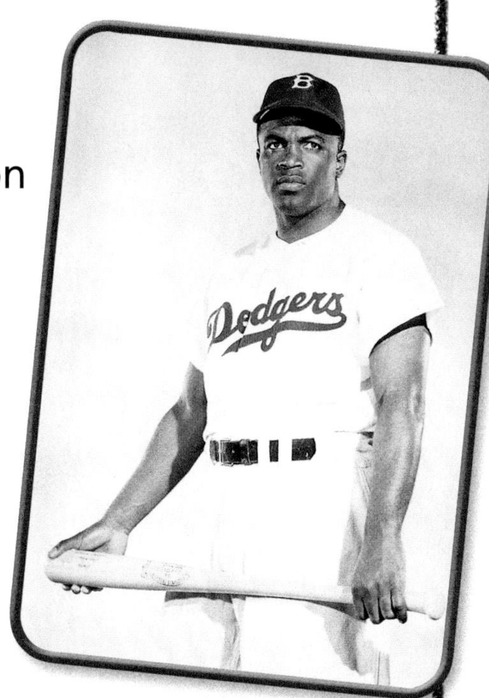


Jackie Robinson

Los Dodgers de Brooklyn, 1947

## ¿Qué aprendiste?

1. ¿Cómo demostró su valentía Harriet Tubman?
2. ¿Cómo se llama la guerra en la que unos estadounidenses pelearon contra otros estadounidenses?
3. **Piensa y comenta** Haz un cartel que muestre por qué Abraham Lincoln fue un líder importante.

# Conozcamos a Sojourner Truth

## 1797–1883
## Abolicionista y sufragista

Sojourner Truth habló en contra de la esclavitud. Una vez ella fue esclava como Harriet Tubman y Frederick Douglass.

Cuando Sojourner Truth nació, la llamaron Isabella Baumfree. Fue esclava hasta casi los treinta años de edad. Entonces se cambió el nombre a Sojourner Truth. *Sojourner* quiere decir "viajera" y *Truth* quiere decir "verdad". Ella viajaba por todo el país hablando sobre los derechos de los afroamericanos. Hablaba en contra de la esclavitud. A pesar de que no había aprendido a leer ni a escribir, era buena oradora. El presidente Abraham Lincoln se enteró de sus discursos y la invitó a la Casa Blanca.

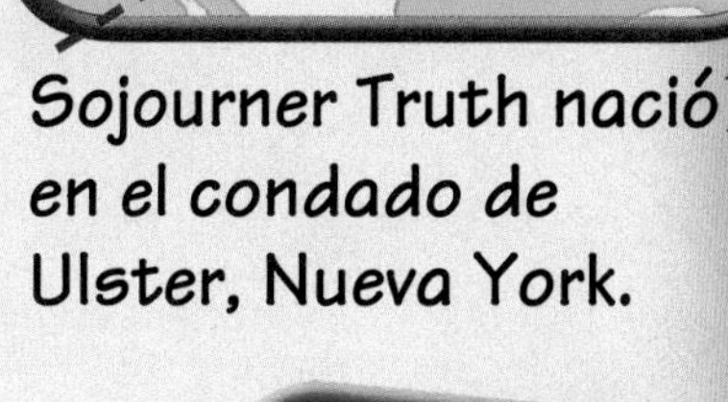

Sojourner Truth nació en el condado de Ulster, Nueva York.

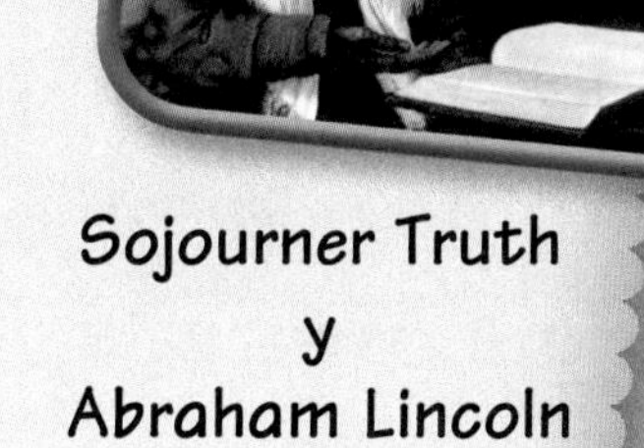

Sojourner Truth y Abraham Lincoln

Sojourner Truth quería que la gente tuviera una mejor vida. Cuando alguien se liberaba de la esclavitud, ella le ayudaba a conseguir un lugar donde vivir. Durante la Guerra Civil, juntaba provisiones para los soldados afroamericanos.

Sojourner Truth también habló sobre los derechos de las mujeres. Ella creía que las mujeres debían tener derecho al voto. Habló en muchas reuniones que apoyaban el movimiento por los derechos de la mujer.

## Piensa y comenta

¿Crees que Sojourner Truth eligió un buen nombre? ¿Por qué?

Para más información, visita *Personajes de la historia* en **www.estudiossocialessf.com.**

# Follow the Drinkin' Gourd

Algunos esclavos seguían la estrella del Norte al escapar hacia la libertad. Para ubicarla, se fijaban en la Osa Mayor, porque una de sus estrellas apunta a la estrella del Norte. Algunas estrellas de la Osa Mayor forman como un cucharón de jícara para beber, o *drinking gourd*.

Song of the Underground Railroad
REFRAIN
Am Em Am
do
Fol - low the drink - in' gourd. Fol - low the
Em G D
drink - in' gourd. For the old man is a - wait - ing for to
Em Bm Em Bm Em Fine
car - ry you to free-dom If you fol - low the drink - in' gourd.
VERSE
Em Am
1. When the sun comes up and the first quail calls, Fol - low the
2. Now the river-bank will make a mighty good road; Dead trees will
Em G D
drink - in' gourd. For the old man is a - wait - ing for to
show you the way. And the left foot, peg - foot,
Em Bm Em Bm Em D.C. al Fine
car - ry you to free-dom If you fol - low the drink - in' gourd.
trav - el - in' on, Just you fol - low the drink - in' gourd.

*Canción del Tren Clandestino*

ESTRIBILLO

Sigue la estrella del Norte.
Sigue la estrella del Norte.
Que el viejo te está esperando
para llevarte a la libertad,
si sigues la estrella del Norte.

ESTROFA

1. Cuando el sol nazca y la
   primera codorniz cante,
   sigue la estrella del Norte.
   Que el viejo te está esperando
   para llevarte a la libertad,
   si sigues la estrella del Norte.

2. Ahora la ribera del río
   te servirá de buen camino.
   Los árboles secos te guiarán;
   y el pie izquierdo, el pie cansado
   te llevará,
   si sigues la estrella del Norte.

# Repaso

## Repaso del vocabulario

explorador

pionero

colono

vivienda

tradición

Busca la palabra correcta para cada definición.

1. una persona que va primero y prepara el camino para los demás
2. lugar para vivir
3. persona que vive en una colonia
4. algo que se hace de una misma manera durante muchos años
5. persona que viaja a un nuevo lugar para conocerlo

★ ★ ★ ★ ★ ★ ★ ★ ★

¿Qué palabra completa cada oración?

1. Un lugar donde se establece gente de otro país se llama __________.

   **a.** independencia **b.** vivienda

   **c.** colonia **d.** tradición

2. El hecho de ser libre de otras personas o de otro lugar se llama ________.

   **a.** independencia **b.** pionero

   **c.** colonia **d.** tradición

# Repaso de las destrezas

## Ordenar

Di qué hiciste hoy. Usa las palabras **primero, después** y **por último** para contar el orden en que pasaron las cosas.

# Destrezas: Mapas y globos terráqueos

## Leer un mapa de historia

Mira el mapa y contesta las preguntas.

1. ¿Qué muestra el color naranja en este mapa?
2. ¿Con qué océano limitan muchas de las 13 colonias?

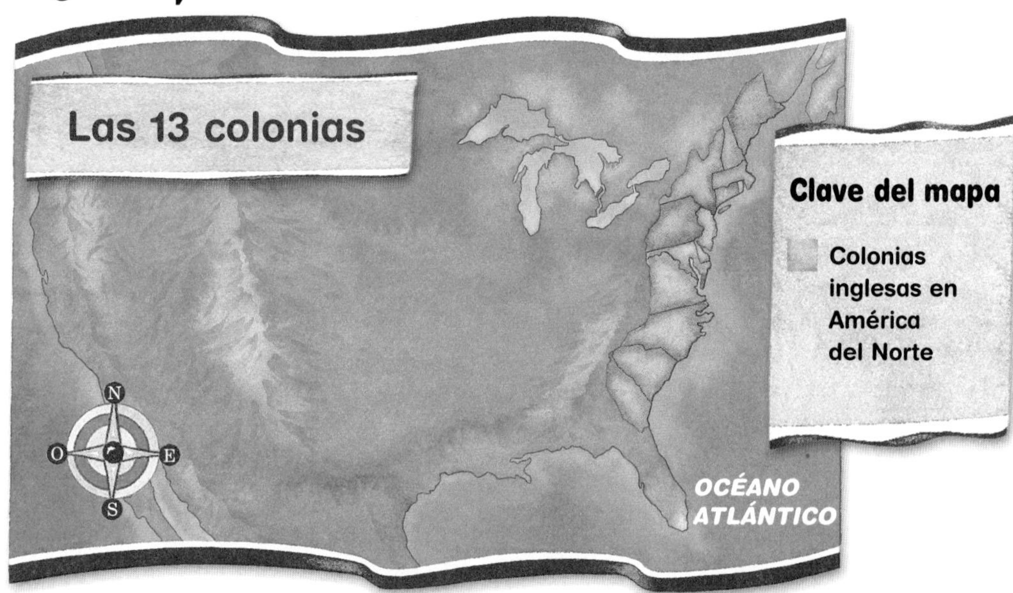

# Repaso de las destrezas

## Leer una línea cronológica

Esta línea cronológica muestra algunos días festivos que se celebran en los Estados Unidos. Mira la línea cronológica y contesta las preguntas.

1. ¿En qué mes celebramos el Día de la Bandera?
2. ¿Qué día festivo hay en mayo?
3. ¿Cuál es el último día festivo en la línea cronológica?

## Destrezas por tu cuenta

Dibuja una línea cronológica de tus celebraciones. Complétala con otros días festivos que tú celebras. Agrega el día de tu cumpleaños. Haz dibujos encima de tu línea cronológica para ilustrar cada día especial.

# ¿Qué aprendiste?

1. ¿Qué recursos usaban los indígenas norteamericanos para hacer su comida, vestuario y vivienda?
2. ¿Por qué había tantos colonos dispuestos a luchar contra Inglaterra?
3. ¿Por qué los pioneros viajaban al Oeste?
4. **Escribe y comenta** Di qué harías si fueras un pionero que está cargando una carreta para viajar al Oeste. Usa las palabras **primero, después** y **por último** para decir en qué orden pasarían las cosas.

# Lee acerca de la historia de los Estados Unidos

Busca libros como éstos en la biblioteca.

UNIDAD

# Proyecto 5

## Haz una entrevista

**Ésta es tu oportunidad de hablar con una persona del pasado.**

1. **Escoge** una persona tal como un explorador, un líder famoso o un pionero.
2. **Escribe** una lista de preguntas y respuestas.
3. **Escoge** quién hará el papel de esta persona y quién hará el papel del reportero de noticias.
4. **Presenten** la entrevista a la clase.

**Actividad en la Internet**

Visita www.estudiossocialessf.com/actividades para aprender más sobre nuestro país en el pasado.

# La gente y los lugares en la historia

UNIDAD 6

¿Por qué debemos aprender acerca de la gente y los lugares del pasado?

# Nuestras historias

por Sofía Dorantes

**Con la música de "Los elefantes"**

**Nuestras historias
son un tesoro,
son las costumbres de países,
son artefactos
y sitios notables,
son libros, cuentos y raíces.**

UNIDAD 6

# Vocabulario ilustrado

inmigrante

día festivo

costumbre

sitio notable

Desfile del
4 de Julio
Inscríbase
aquí

artefacto
invento
comunicación

# La historia de la familia de Michael

## Recordar y volver a contar

Escribí acerca de la historia de mi familia. Lee lo que escribí y verás de qué se trata.

¡Hola! Soy Michael.

### La historia de mi familia

**Mi familia tiene una historia de su pasado. Yo nací en los Estados Unidos. Mis padres y mis abuelos también nacieron aquí. Mis bisabuelos, en cambio, nacieron en un pequeño pueblo de Alemania.**

**Mis bisabuelos llegaron a los Estados Unidos en 1920. ¡Hace más de 80 años! Se fueron a vivir a Detroit, Michigan, donde mi bisabuelo compró una panadería. Mi abuelo y mi papá dirigen la panadería ahora. Yo también espero dirigir la panadería algún día.**

**Recordar** es pensar acerca de algo que hemos leído o escuchado. **Volver a contar** es decirlo otra vez con nuestras propias palabras. Piensa acerca de la historia de la familia de Michael. Cuenta la historia con tus propias palabras.

Ésta es una foto de mi abuelo, mi papá y yo.

## ¡Inténtalo!

Dobla una hoja de papel por la mitad juntando los dos extremos. Ahora dóblala por la mitad otra vez, extremo con extremo. Abre el papel y dibuja cuatro cosas que pasaron en "La historia de mi familia". Dibújalas en el orden en que ocurrieron. Usa tus dibujos para **volver a contar** la historia de la familia de Michael.

# Una historia familiar

Mis bisabuelos llegaron a los Estados Unidos en barco. La flecha que se ve en el mapa señala la ruta que siguieron. Hicieron un largo viaje a través del océano Atlántico.

Lo primero que vieron cuando llegaron al puerto de Nueva York fue la Estatua de la Libertad. Para ellos, representaba esperanza y libertad. Mis bisabuelos, como muchos inmigrantes, vinieron a los Estados Unidos en busca de una vida mejor. Un **inmigrante** es una persona que se muda a otro país.

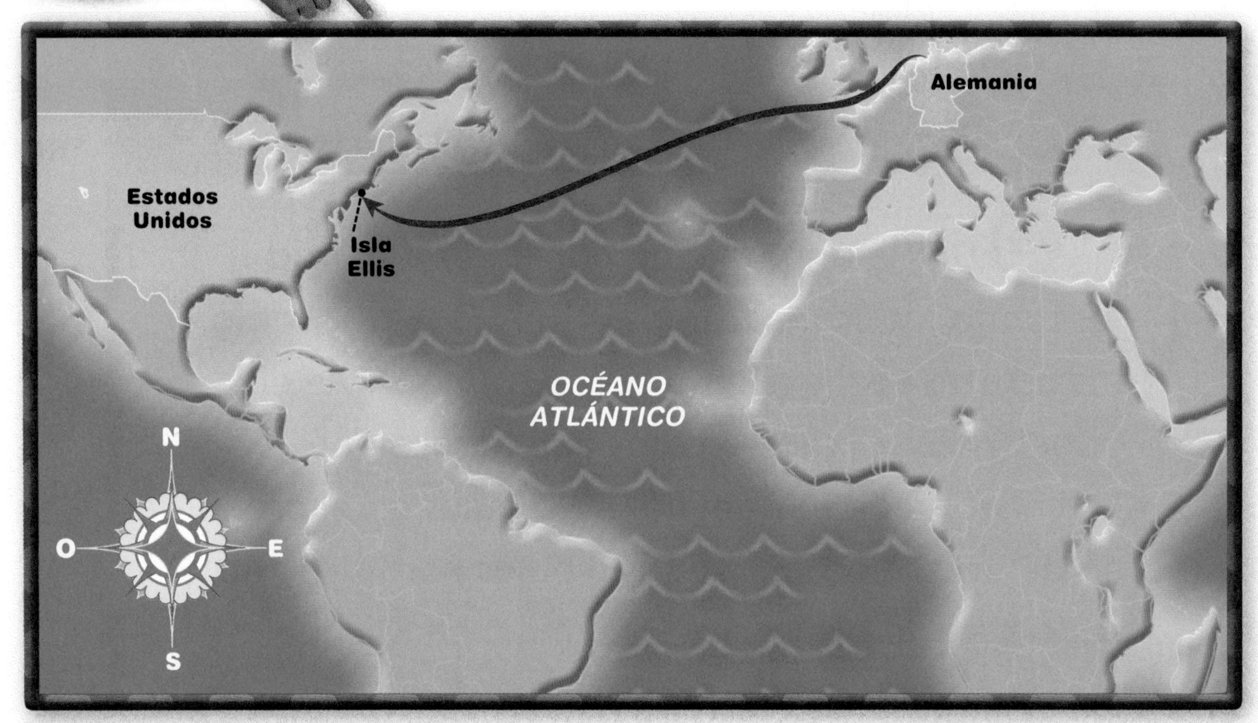

Mis bisabuelos llegaron a la isla Ellis, que está ubicada en el puerto de Nueva York. Fueron examinados por un médico. Tenían que demostrar que gozaban de buena salud y que podían trabajar.

Inmigrantes en fila en la isla Ellis

En la isla Ellis les hacían varias preguntas a los inmigrantes. *¿Por qué quieren vivir aquí? ¿Los espera alguien?*

Un hermano de mi bisabuela vivía en Detroit, Michigan. Cuando mis bisabuelos dejaron la isla Ellis, viajaron por tren desde la Ciudad de Nueva York hasta Detroit.

Isla Ellis

Inmigrantes chinos

Amy, mi amiga, también tiene antepasados inmigrantes. Llegaron de China a los Estados Unidos. Viajaron desde China hasta San Francisco, California. ¿Qué océano cruzaron?

Muchos inmigrantes de Asia llegaban a la isla del Ángel, ubicada en la bahía de San Francisco. Algunos inmigrantes tenían que vivir en la isla del Ángel antes de que les dieran permiso para entrar a los Estados Unidos.

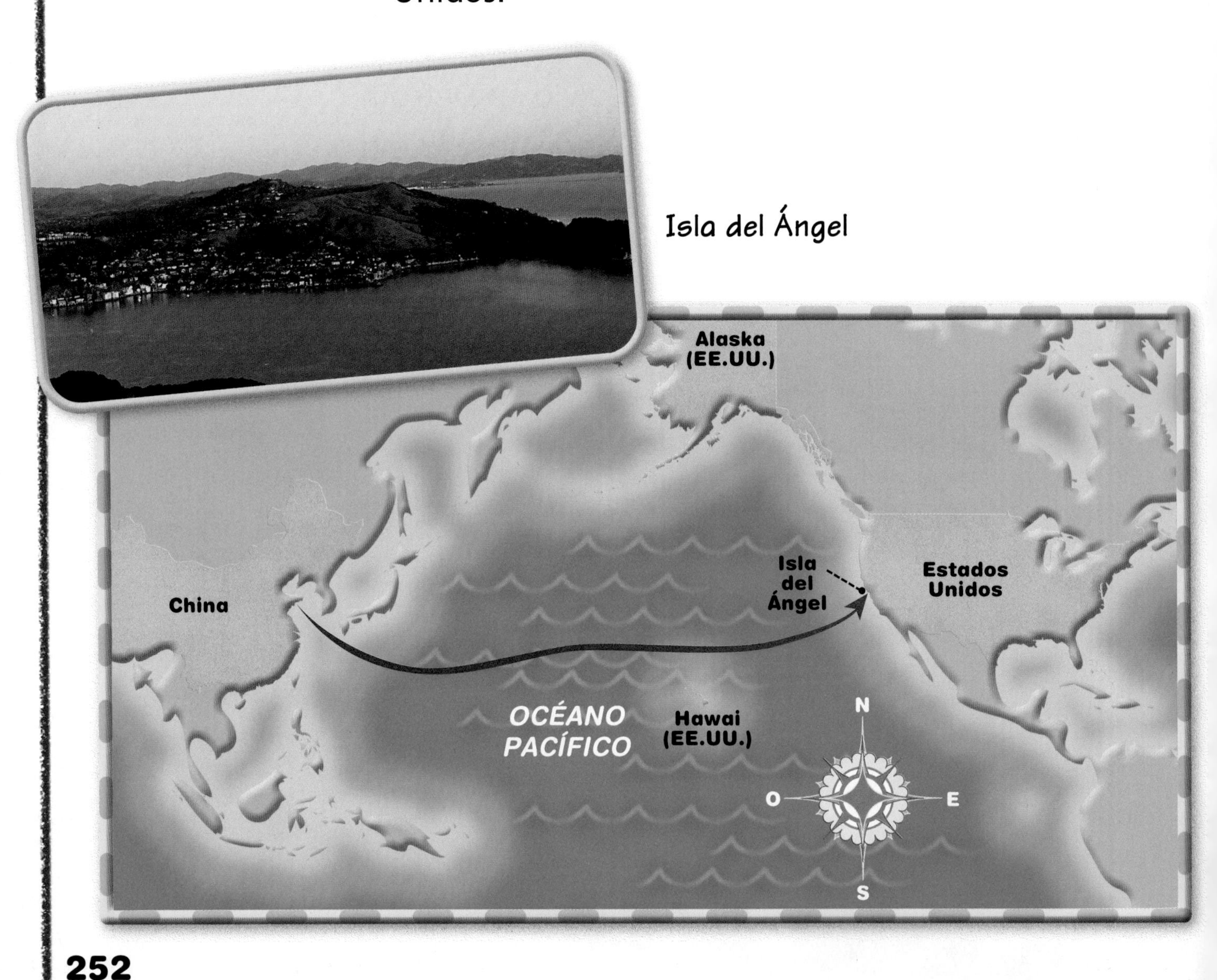


Isla del Ángel

Hoy en día, hay museos en la isla Ellis y en la isla del Ángel. Allí se pueden visitar los lugares donde muchas personas estuvieron antes de comenzar su nueva vida en los Estados Unidos.

Mi familia y yo fuimos a la isla Ellis el verano pasado y vimos los nombres de mis bisabuelos en el Muro de Honor a los Inmigrantes. Ese muro se construyó para honrar a los inmigrantes que llegaron a los Estados Unidos desde distintas partes del mundo. Hay muchos nombres escritos en ese muro.

## ¿Qué aprendiste?

1. Usa las fotos para comparar a los inmigrantes que llegaban a la isla Ellis con los inmigrantes que llegaban a la isla del Ángel. ¿En qué se parecen? ¿En qué se diferencian?
2. ¿Qué representa la Estatua de la Libertad?
3. **Piensa y comenta** **Recuerda** la historia de los antepasados de Amy. **Vuelve a contar** su historia con tus propias palabras.

# Ellen Ochoa

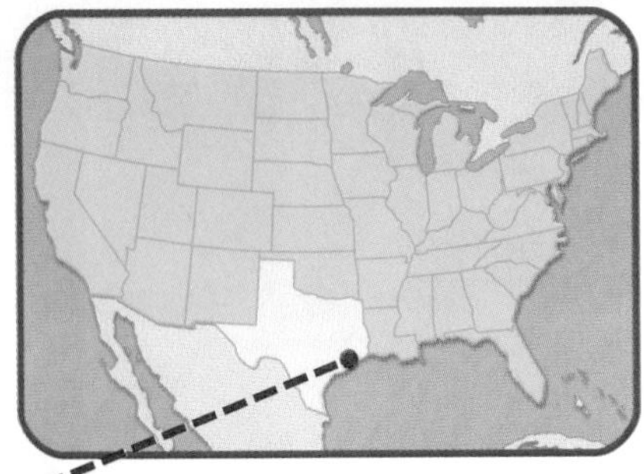

Ellen Ochoa estudió en el Centro Espacial Johnson de Houston, Texas.

Los inmigrantes que decidían venir a los Estados Unidos tenían que ser muy valientes. Muchos no hablaban inglés ni conocían a nadie en este país. Para el trabajo que hace Ellen Ochoa, también se necesita tener mucha valentía, pero de otro tipo.

Ellen Ochoa es la primera mujer de origen hispano en participar como astronauta en el Programa Espacial de la NASA. Ella ha estado ya en tres vuelos espaciales y espera hacer otros más. Piensa que es muy importante que exploremos el espacio. Es necesario tener valentía y espíritu de aventura para explorar nuevos lugares.

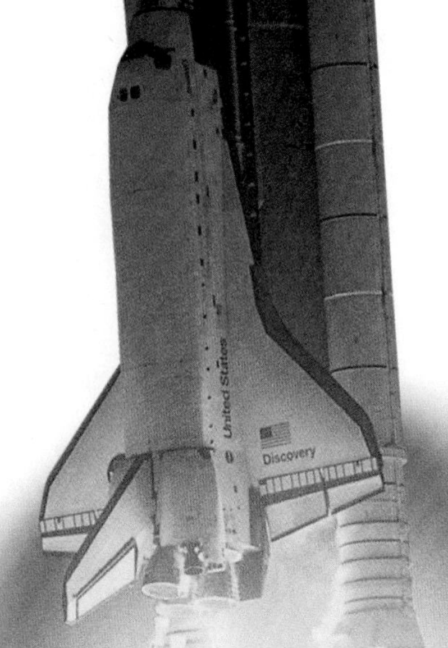

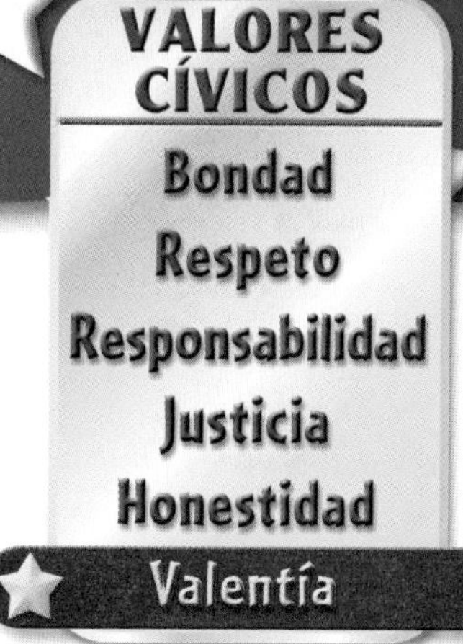


Cuando era estudiante, a Ellen Ochoa siempre le gustó la escuela. Ahora, como astronauta, todos los días aprende cosas nuevas, como cuando estaba en la escuela. ¡Ser astronauta le parece muy emocionante!

Ellen Ochoa ayudó a preparar sistemas de computación para explorar el espacio. También ayudó a descubrir nuevas formas para ver mejor y más cerca los objetos en el espacio. Ella formó parte de la tripulación de la nave espacial que llevó provisiones a la Estación Espacial Internacional. El sueño de Ellen Ochoa es participar en la construcción de una estación espacial. Ha recibido muchos premios de la NASA por sus servicios.

La Dra. Ochoa en el transbordador espacial *Discovery*

## La valentía en acción

¿Por qué es necesario ser valiente para explorar nuevos lugares?

# La gente y sus celebraciones

Mi familia y yo celebramos muchos días festivos. Un **día festivo** es un día especial. Muchas personas no trabajan durante los días festivos. Algunos son días festivos nacionales, o fechas importantes para todos los estadounidenses. Mira la línea cronológica. ¿Cómo celebras estos días festivos nacionales?

En dos de los días festivos, el Día de los Caídos y el Día de los Veteranos, recordamos a todos los que lucharon por nuestro país en distintas guerras. En el Día de los Caídos se honra a todos los ciudadanos estadounidenses que han muerto en guerra. En el Día de los Veteranos recordamos a todos los hombres y mujeres que han luchado para proteger la libertad de nuestro país. ¿En qué meses se celebran esos días festivos?

En muchas comunidades es una costumbre hacer desfiles en esos días. Una **costumbre** es la manera especial en que un grupo de personas siempre hace algo. Otra costumbre es decir discursos durante esos días.

Un niño rompe una piñata.

Muchas comunidades celebran otros días festivos. El Cinco de Mayo es un día festivo importante para los mexicoamericanos. Ese día se celebra la valentía de los mexicanos que lucharon en el año 1862 en una batalla que hubo en México. El ejército mexicano, mucho más pequeño, le ganó la batalla al ejército francés, que era mucho más numeroso.

Hoy en día, se celebra ese día festivo de varias formas. Es costumbre hacer fiestas donde se sirven comidas típicas, como tortillas calientes, tamales y arroz. Además, los niños rompen piñatas llenas de juguetes y dulces.

Cada año, algunos afroamericanos celebran el 19 de junio. A ese día festivo lo llaman Juneteenth. Un día como ése, en 1865, terminó la esclavitud en Texas.

En el día de Juneteenth, las familias acostumbran a reunirse. Tal vez cuenten historias acerca de sus antepasados. Algunas familias hacen picnics y juegan beisbol. Otras celebran yendo a la iglesia. Cantan alegres canciones y dan gracias por la libertad.

*Celebración de Juneteenth en el pasado y hoy en día*

## ¿Qué aprendiste?

1. Nombra tres días festivos nacionales que celebran los estadounidenses.
2. ¿Cómo celebras tú el Día de los Caídos en tu estado o comunidad?
3. **Piensa y comenta** Haz un dibujo de una costumbre de tu familia para celebrar un día festivo. Escribe un poema acerca del dibujo.

# La primavera

Las fiestas de la primavera celebran nueva vida, energía y crecimiento. Para muchos niños, estas fiestas son alegres y pintorescas, llenas de flores, música y bailes.

El Año Nuevo Chino comienza el primer día del calendario chino y dura quince días. Man Po y su familia celebran, visitan a sus amigos y asisten a coloridos desfiles callejeros.

La ceremonia N'cwala celebra las cosechas en febrero todos los años. Grupos de bailarines realizan una danza de guerra tradicional. M'sangombe es el bailarín más joven del grupo.

La Fête des Mères se celebra el último domingo de mayo. Matilde la llama la Fiesta de Mami. Matilde le sirve el desayuno en la cama a su mamá y le recita un poema especial.

Hina Matsuri se celebra el 3 de marzo. Es un día dedicado a las muñecas. Durante esta celebración, Sayo exhibe sus muñecas en el cuarto más bonito de su casa.

Man Po, de Hong Kong

M'sangombe, de Zambia

Matilde, de Francia

Sayo, del Japón

Sophie, de Inglaterra

Los niños de la aldea donde vive Sophie celebran el Día de Mayo el primero de mayo. Escuchan música, recogen flores de primavera y bailan danzas de cintas alrededor de un poste adornado con flores.

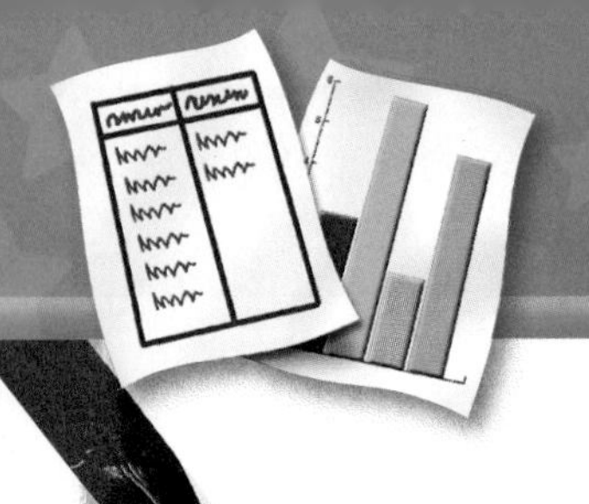



# Leer un calendario

El **calendario** es una tabla que muestra los días, las semanas, los meses y los años. El calendario nos ayuda a contar y medir el tiempo. También nos ayuda a recordar fechas importantes.

## Mayo

| Domingo | Lunes | Martes | Miércoles | Jueves |
|---|---|---|---|---|
| | | | | 1 |
| 4 | 5 | 6 | 7 | 8 |
| 11 Día de la Madre | 12 | 13 | 14 | 15 |
| 18 | 19 | 20 | 21 | 22 |
| 25 | 26 Día de los Caídos | 27 | 28 | 29 |

Mira el calendario de Michael para mayo. ¿Cuántos días tiene este mes? Busca el día en que Michael celebra su cumpleaños. ¿Qué día de la semana es el Día de la Madre?

| Viernes | Sábado |
|---|---|
| 2 | 3 Cumpleaños de Michael |
| 9 | 10 |
| 16 | 17 |
| 23 | 24 |
| 30 | 31 |

## ¡Inténtalo!

1. ¿Qué día festivo nacional celebramos en mayo?
2. ¿Qué días tiene Michael partidos de futbol?
3. **Por tu cuenta** Dibuja tu propio calendario para este mes. Marca fechas importantes en él.

# Sitios notables de nuestro país

Mi papá me va a llevar a Chicago. ¡Vamos a ver un partido de beisbol de los Cachorros! Ellos juegan en el estadio Wrigley Field. Ese estadio es un sitio notable de la comunidad. Un **sitio notable** es un edificio o lugar importante o interesante.

El Wrigley Field fue construido hace más de 85 años. Es uno de los estadios de beisbol más antiguos de nuestro país. Mira las fotos. ¿Cómo ha cambiado el Wrigley Field con el paso del tiempo?

Antes

Hoy

Todos los estados tienen sitios notables. ¿Cuáles son los sitios notables de tu estado?

El Arco Gateway queda a orillas del río Mississippi, en Missouri. Nos recuerda que los Estados Unidos crecieron cuando los pioneros decidieron mudarse al Oeste.

El Tribunal del Condado de Atchison, en Kansas, fue construido con piedra. El reloj de la torre se puede ver fácilmente a lo lejos. Desde hace más de 100 años, el gobierno del condado ha usado este edificio.

En 1836, Texas luchaba por independizarse del gobierno de México. Durante 13 días, un pequeño grupo de texanos defendió El Álamo, enfrentando a miles de soldados mexicanos. El Álamo es un sitio notable para los texanos.

Nuestro país también tiene sitios notables nacionales. Estos sitios notables son importantes porque nos ayudan a conocer la historia de nuestro país.

El monte Rushmore es un sitio notable nacional que se encuentra en las colinas Black, en Dakota del Sur. En un lado de la montaña se esculpieron los rostros de los presidentes George Washington, Thomas Jefferson, Abraham Lincoln y Theodore Roosevelt.

La Estatua de la Libertad representa a la libertad. La Estatua de la Libertad fue un regalo del pueblo francés al pueblo de los Estados Unidos.

El Capitolio de los Estados Unidos está ubicado en Washington, D.C. El Congreso se reúne en este edificio.

## Sitios notables de los Estados Unidos

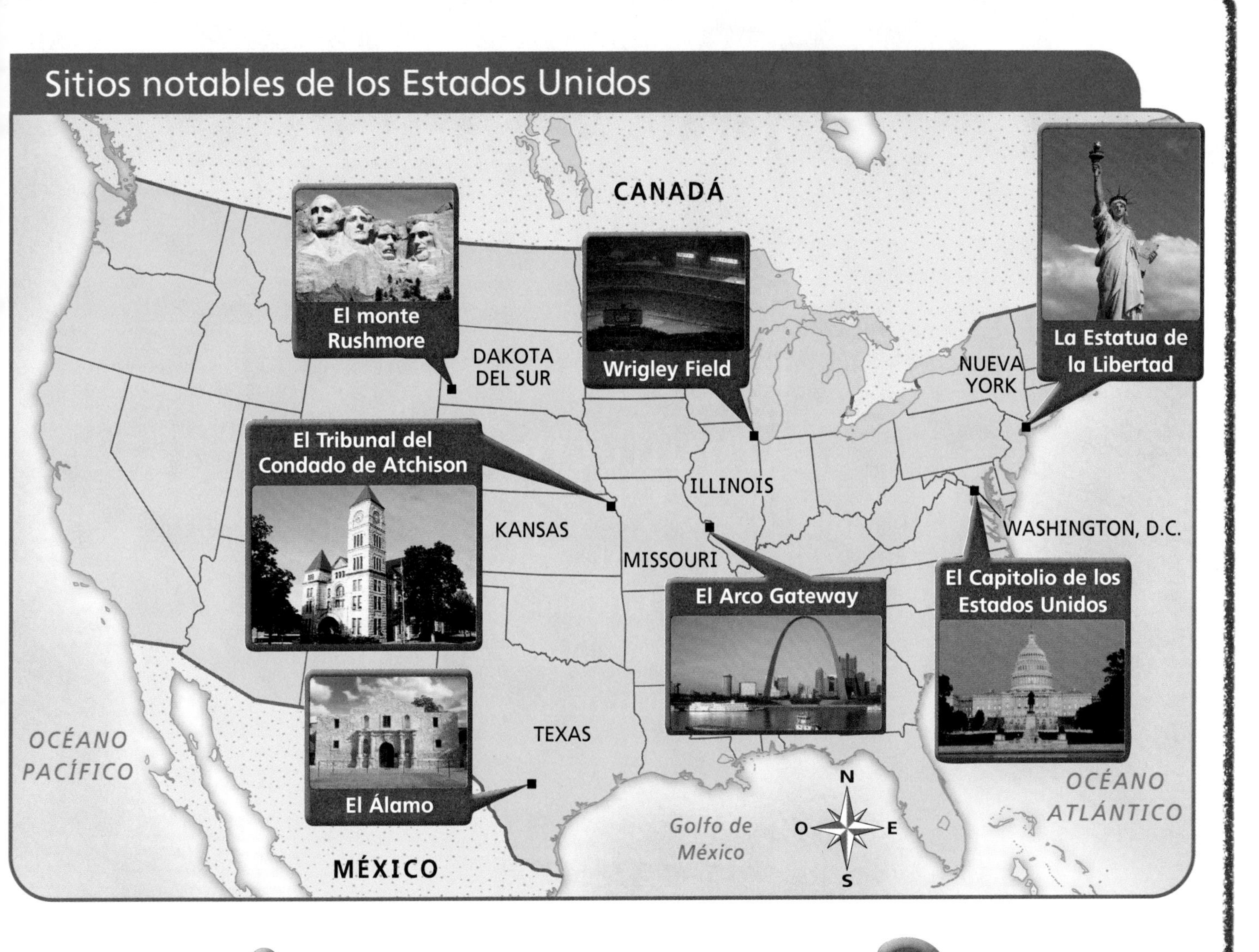


# ¿Qué aprendiste?

1. ¿Por qué es el Capitolio de los Estados Unidos un sitio notable importante?
2. Mira el mapa. Di dónde está ubicado el Capitolio de los Estados Unidos.
3. **Piensa y comenta** Haz un dibujo de una estatua o un sitio notable de tu comunidad. Explica por qué es importante.

# Conozcamos a Ieoh Ming Pei

## 1917–
## Arquitecto

I. (Ieoh) M. (Ming) Pei ha diseñado edificios notables en los Estados Unidos y en otras partes del mundo.

I. M. Pei nació en China. Desde que era adolescente, le fascinaban los altos edificios modernos que veía. Cuando tenía 18 años vino a los Estados Unidos. Quería ser arquitecto. Un arquitecto es una persona que diseña edificios.

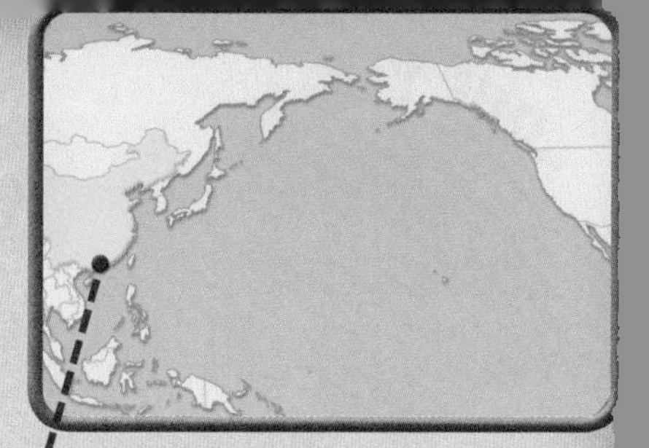

Ieoh Ming Pei nació en Cantón (ahora llamado Guangzhou), China.

Después de terminar sus estudios, I. M. Pei trabajó para otros arquitectos. También enseñó a los estudiantes a diseñar edificios. Durante esa época, se hizo ciudadano de los Estados Unidos. Luego comenzó su propia empresa de arquitectura. Diseñó edificios en los Estados Unidos y en otras partes del mundo.

Ala oriental de la Galería Nacional de Arte en Washington, D.C.

I. M. Pei ha diseñado bibliotecas, edificios de oficinas, aeropuertos, hoteles y escuelas, pero su trabajo preferido es diseñar museos. Le gusta conocer y aprender acerca de otros lugares y sus habitantes para diseñar edificios que estén de acuerdo con las necesidades especiales de cada quien. Le interesa diseñar edificios que la gente disfrute al visitar.

## Piensa y comenta

¿Cómo contribuye I. M. Pei a que el mundo sea un lugar más bello?

Para más información, visita *Personajes de la historia* en **www.estudiossocialessf.com.**

# Sitios notables del mundo

Miremos dos países que tienen sitios notables muy importantes. Primero vamos a Egipto, en el continente africano. Busca a Egipto en el globo terráqueo.

En el antiguo Egipto, los reyes y las reinas eran enterrados dentro de pirámides hechas de piedra. Una pirámide tiene cuatro lados triangulares que forman una punta hacia arriba.

Se necesitaban miles de personas para construir una pirámide. ¡Cada bloque de piedra pesaba más que un carro familiar! Algunas pirámides son tan grandes que podrían cubrir varios estadios de futbol americano.

Hoy en día, todavía nos maravillamos de que los egipcios construyeran las pirámides sin usar máquinas modernas. ¿Cómo crees que las construyeron?

Nuestra próxima parada es un país llamado China. Mira el globo terráqueo. ¿En qué continente queda China?

La Gran Muralla China fue construida hace más de 2,000 años. ¡Se necesitaron casi un millón de personas para construirla! Primero, cada estado de la China antigua construyó un muro para protegerse. Después, esos muros se unieron y se les llamó la Gran Muralla.

¡Si colocáramos la Gran Muralla a través de los Estados Unidos, de este a oeste, sería mucho más larga que nuestro país!

## Taller de historia

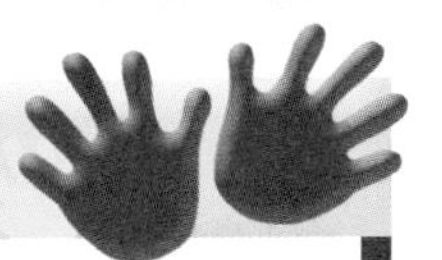

Las pirámides de Egipto y la Gran Muralla China son sitios notables antiguos que todavía existen. Haz un dibujo de un sitio notable moderno que creas que todavía existirá dentro de miles de años.

# Un paso atrás en el tiempo



Otra forma de aprender sobre el pasado es mirando los artefactos. Un **artefacto** es todo objeto que las personas fabrican para ser usado.

Los humanos han dejado muchos artefactos a través del tiempo. Estos artefactos históricos nos dan pistas sobre la forma de vida de la gente. ¿Qué puedes decir acerca de cómo vivía la gente hace mucho tiempo?

**Artefactos**

Taza egipcia tallada

Anillo egipcio con caballos

Estatua de reina egipcia

Leopardo chino de bronce

Estatuilla china de jade

Vasija china

## Egipto

Jeroglíficos egipcios

Los egipcios tenían un sistema de escritura a base de jeroglíficos. Hacían dibujos y símbolos en las paredes. También escribían sobre piedra y en tablillas de barro.

Más adelante, los egipcios fabricaron tinta y plumas para escribir. Escribían en un material muy fino, similar al papel, hecho de una planta alta llamada papiro. La palabra *papel* viene de la palabra *papiro*.

## China

Caracteres chinos

Los chinos también tenían un sistema de escritura. Escribían unos símbolos llamados caracteres, sobre hueso, conchas y tiras de bambú. Esos caracteres representaban objetos e ideas. Hoy en día, los chinos siguen usando caracteres como sistema de escritura.

Río Nilo

Tanto los egipcios como los chinos usaban calendarios. El calendario egipcio señalaba las estaciones del año. También señalaba las épocas en las cuales crecía y decrecía el río Nilo. El calendario egipcio dividía el año en 12 meses. Cada mes tenía 30 días, por lo cual en un año había 360 días. Los egipcios luego agregaron 5 días al final del año, para completar 365 días. ¿Cuántos días hay en un año hoy en día?

Los chinos usaban un calendario basado en las fases de la luna. Se le llama calendario lunar chino. *Lunar* quiere decir "que tiene que ver con la luna". Cada año lunar tiene el nombre de un animal.

Calendario egipcio

Calendario chino

Un **invento** es algo nuevo que una persona crea o imagina. Los chinos crearon muchos inventos. Varios de ellos, como la carretilla y el papalote, todavía se usan hoy en día.

*Obelisco de Luxor, Egipto*

Los antiguos egipcios construían obeliscos. Un obelisco es un monumento gigante que apunta hacia el cielo. El Monumento a Washington en Washington, D.C., fue construido en forma de obelisco.

## ¿Qué aprendiste?

1. ¿Qué nos enseñan los artefactos?
2. ¿Qué inventos de los antiguos chinos y egipcios usamos todavía en los tiempos modernos?
3. **Piensa y comenta** Dibuja alguna cosa que uses hoy y que algún día pueda ser un artefacto histórico. Escribe acerca de por qué crees que ese objeto pueda llegar a ser un artefacto.

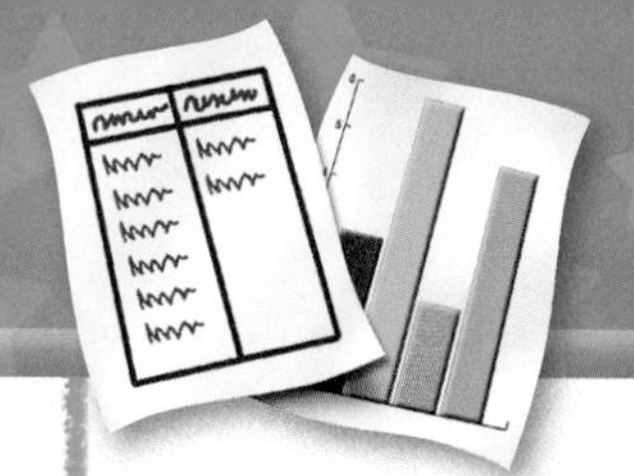



# Leer un diagrama

Algunos habitantes del Egipto antiguo viajaban en un tipo de carreta tirada por caballos. Estas carretas las usaban como medio de transporte el rey y otras personas importantes. Las carretas también se usaban en combates y en competencias de carreras.

Éste es un diagrama de una carreta jalada por caballos. Un **diagrama** es un dibujo que muestra las partes de una cosa. Un diagrama nos da información en un cuadro o dibujo, en lugar de usar oraciones.

Mira este diagrama. ¿Qué parte de la carreta se coloca sobre el lomo del caballo?

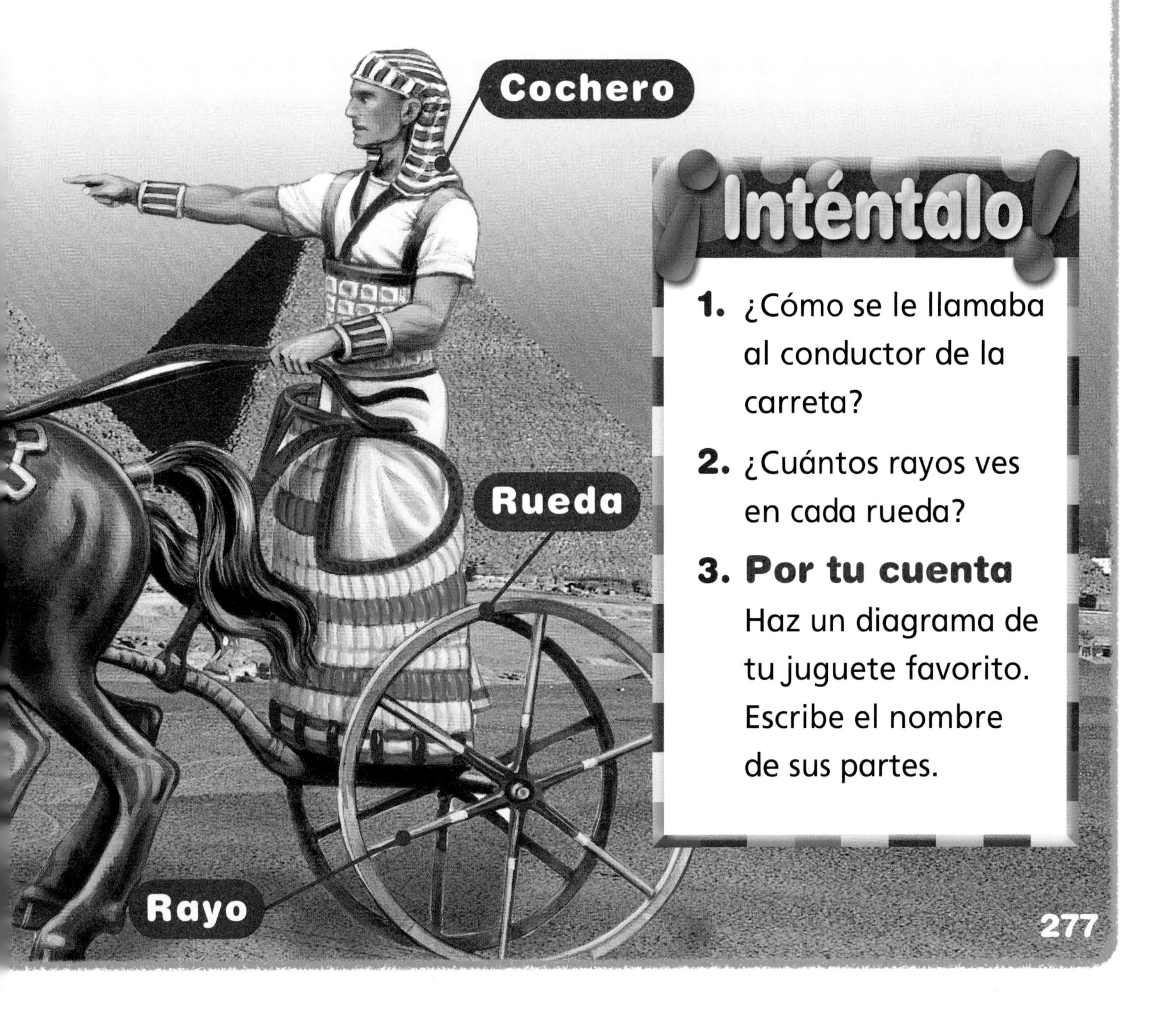


## ¡Inténtalo!

1. ¿Cómo se le llamaba al conductor de la carreta?
2. ¿Cuántos rayos ves en cada rueda?
3. **Por tu cuenta** Haz un diagrama de tu juguete favorito. Escribe el nombre de sus partes.

Lección 5

# Así se une el mundo

Expresamos nuestras ideas de muchas maneras. Expresar ideas y compartir información se llama **comunicación.** La comunicación nos une con gente de todo el mundo.

Tiempo atrás, la gente escribía en paredes y en piedra. Hoy en día, usamos inventos como el teléfono, la computadora y el fax para comunicarnos. ¿Qué pasaría si no tuviéramos estos inventos? ¿Cómo nos comunicaríamos con personas de otros países?

En nuestra clase, aprendemos lo importante que es comunicarse y trabajar juntos. ¿Cómo se están comunicando estas personas?

Algunas personas se comunican de otras maneras. Helen Keller no podía oír ni ver. Ella se comunicaba por medio de un lenguaje de señas. También aprendió el sistema Braille. El Braille es una manera especial de leer y escribir. Helen Keller ayudó a otras personas que no podían ver ni oír. También escribió libros sobre su vida.

Escritura Braille

Anne Sullivan leyéndole a Helen Keller.

Henry Ford en su primer carro

El transporte es otra manera de unir a las personas de todo el mundo. En el pasado, la mayoría de la gente viajaba a caballo, en carretas y en tren.

En 1893, Henry Ford construyó un motor que funcionaba a base de gasolina. Pocos años después, construyó lo que se llamó un "carruaje sin caballos". Consistía en un motor sobre una armazón con ruedas de bicicleta. Estos primeros carros resultaban muy costosos porque se construían de uno en uno.

Al poco tiempo, Henry Ford y su empresa empezaron a fabricar muchos carros a la vez. Esos carros resultaban menos costosos y más gente podía comprarlos. Se los llamó carros Modelo T.

Los carros actuales son muy distintos a los del Modelo T. Son más seguros y cómodos. El uso de computadoras permite que los carros de hoy en día funcionen mucho mejor.

Durante cientos de años, diversos inventores experimentaron con máquinas voladoras. Por fin, en 1903, los hermanos Wright realizaron el primer vuelo exitoso en aeroplano.

Amelia Earhart fue la primera mujer que voló sola a través del océano Atlántico. Siguió haciendo viajes largos y animó a otras mujeres a volar. En 1937, Amelia Earhart decidió emprender un vuelo alrededor del mundo, pero desapareció con su avión. Amelia Earhart y los hermanos Wright son recordados todos los años en el Día Nacional de la Aviación.

Hoy en día, mucha gente viaja a distintas partes del mundo en aviones jet. ¿Qué tipo de transporte crees que unirá a las comunidades en el futuro?

## ¿Qué aprendiste?

1. ¿De qué manera los inventos han cambiado las comunicaciones y el transporte?
2. ¿Por qué Amelia Earhart es importante en la historia de nuestro país?
3. **Piensa y comenta** Haz un cartel que muestre los medios de transporte del pasado, del presente y del futuro. Habla acerca de tu cartel.

# Conozcamos a Robert Fulton

## 1765–1815
## Inventor y artista

Robert Fulton construyó distintos medios de transporte que podían moverse tanto sobre la superficie como por debajo del agua.

Cuando era joven, a Robert le interesaba la pintura. También le interesaban los nuevos inventos.

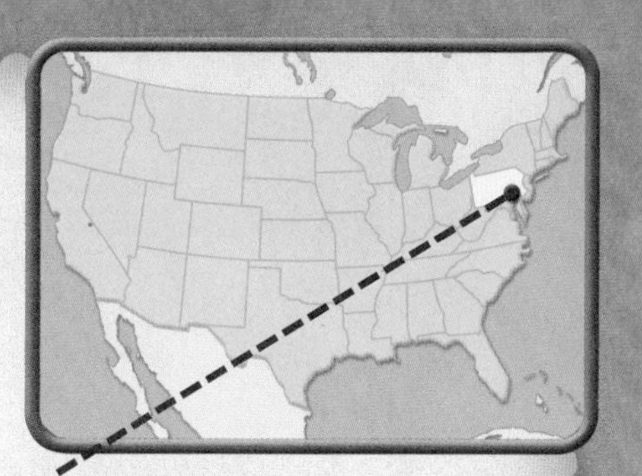

Robert Fulton nació en el condado de Lancaster, Pennsylvania.

Robert Fulton se mudó a Francia. Allí se le ocurrió que los barcos se podían usar de otro modo. Entonces construyó el *Nautilus*, un barco submarino, es decir, un barco que viaja por debajo del agua. ¡El *Nautilus* incluso podía pasar por debajo de otros barcos! Robert Fulton también planeó la construcción de un barco de vapor.

El Nautilus

Cuando regresó a los Estados Unidos, Robert Fulton comenzó a construir el barco de vapor. Le hizo muchas mejoras al barco de vapor durante los años siguientes. En 1807, le hicieron una prueba a su barco, el *Clermont*, en el río Hudson. Éste fue el primer barco de vapor que transportó gente y bienes. El *Clermont* viajaba entre las ciudades de Nueva York y Albany.

La calle Fulton, de la Ciudad de Nueva York, lleva ese nombre en honor a este famoso inventor. En el Statuary Hall, de Washington, D.C., también hay una estatua en memoria de Robert Fulton.

Fulton Street, Ciudad de Nueva York

## Piensa y comenta

¿Cómo se recuerda en los Estados Unidos a Robert Fulton?

Para más información, visita *Personajes de la historia* en **www.estudiossocialessf.com.**

# Un hombre honesto

## Cuento popular chino, contado por Li Hongling

*Inventar cuentos acerca de su mundo es una costumbre del pueblo chino. Narrar estos cuentos populares es otra forma de comunicarse.*

Hace mucho tiempo, diez familias pobres vivían en un valle donde había una laguna. Un día, muchas personas fueron a visitar a una de las familias. Como era raro que la gente viniera de visita al valle, el jefe de la familia les dio la bienvenida y decidió hacer una fiesta. Pero como era un hombre pobre, no tenía suficientes platos para todos sus invitados. Así que tuvo que pedirle prestados unos platos a su vecino.

Después de la comida fue a la laguna a lavar los platos. De pronto, uno de los platos se cayó al agua. A pesar de que él buscó y buscó, no lo pudo encontrar. Se quedó muy preocupado por lo sucedido y se sentó al lado de la laguna. Se sentía muy infeliz y no sabía qué iba a hacer.

—¿Te puedo ayudar? —dijo una voz suave que venía del agua.

El hombre miró al agua y vio a un pez de colores. Sorprendido, dijo:

—¡Ay! Uno de los platos que me prestó el vecino se cayó al agua. ¿Cómo hago para devolvérselo?

El pez desapareció y al rato apareció trayendo un plato de oro. Entonces le preguntó al hombre:

—¿Es éste tu plato?

El hombre pobre le contestó honestamente diciendo que no era el plato que había perdido. El pez volvió a desaparecer. Después de unos minutos, el pez volvió con otro plato, esta vez de plata. Nuevamente, el hombre pobre le dijo al pez que ése no era su plato, y el pez volvió a desaparecer.

En poco tiempo, el pez regresó con el plato correcto. Esta vez el hombre dijo:

—¡Ah, sí! Ése es el plato que estaba buscando. ¡Muchas gracias!

¿Y sabes qué? Para sorpresa del hombre, el pez le dio los tres platos para que se los llevara a su familia como premio por su honestidad.

UNIDAD 6

# Repaso

## Repaso del vocabulario

sitio notable

día festivo

artefacto

costumbre

invento

Elige la palabra que mejor complete cada oración.

1. Decir discursos el Día de los Caídos es una ________ .
2. La Estatua de la Libertad es un ____________.
3. Un objeto que puede contarnos acerca del pasado es un ____________.
4. Un día especial es un ____________.

★ ★ ★ ★ ★ ★ ★ ★ ★

¿Qué palabra completa cada oración?

1. Una persona que se muda a otro país es un _____.

   **a.** artefacto **b.** inmigrante

   **c.** invento **d.** sitio notable

2. Compartir información y expresar ideas se llama _____.

   **a.** invento **b.** comunicación

   **c.** costumbre **d.** sitio notable

# Repaso de las destrezas

## Recordar y volver a contar

**Recuerda** lo que leíste acerca de Helen Keller o de otra persona importante. **Vuelve a contar** acerca de esa persona con tus propias palabras.

★ ★ ★ ★ ★ ★ ★ ★ ★

# Destrezas de estudio

## Leer un calendario

Usa este calendario para contestar las preguntas.

1. ¿Cuántos días hay en una semana?
2. ¿Qué día festivo se celebra el cuarto jueves de noviembre?
3. ¿Es el Día de los Veteranos antes o después del Día de elecciones?

**Noviembre**

| Domingo | Lunes | Martes | Miércoles | Jueves | Viernes | Sábado |
|---|---|---|---|---|---|---|
| | | | | | | 1 |
| 2 | 3 | 4 VOTE HOY Día de elecciones | 5 | 6 | 7 | 8 |
| 9 | 10 | 11 Día de los Veteranos | 12 | 13 | 14 | 15 |
| 16 | 17 | 18 | 19 | 20 | 21 | 22 |
| 23 | 24 | 25 | 26 | 27 Día de Acción de Gracias | 28 | 29 |
| 30 | 31 | | | | | |

# Repaso de las destrezas

## Leer un diagrama

Mira este diagrama de una bicicleta. Luego contesta las preguntas.

1. ¿Cuántas ruedas tiene una bicicleta?
2. ¿Qué empujan tus pies para mover la bicicleta?
3. ¿Qué parte de la bicicleta se usa para sentarse?

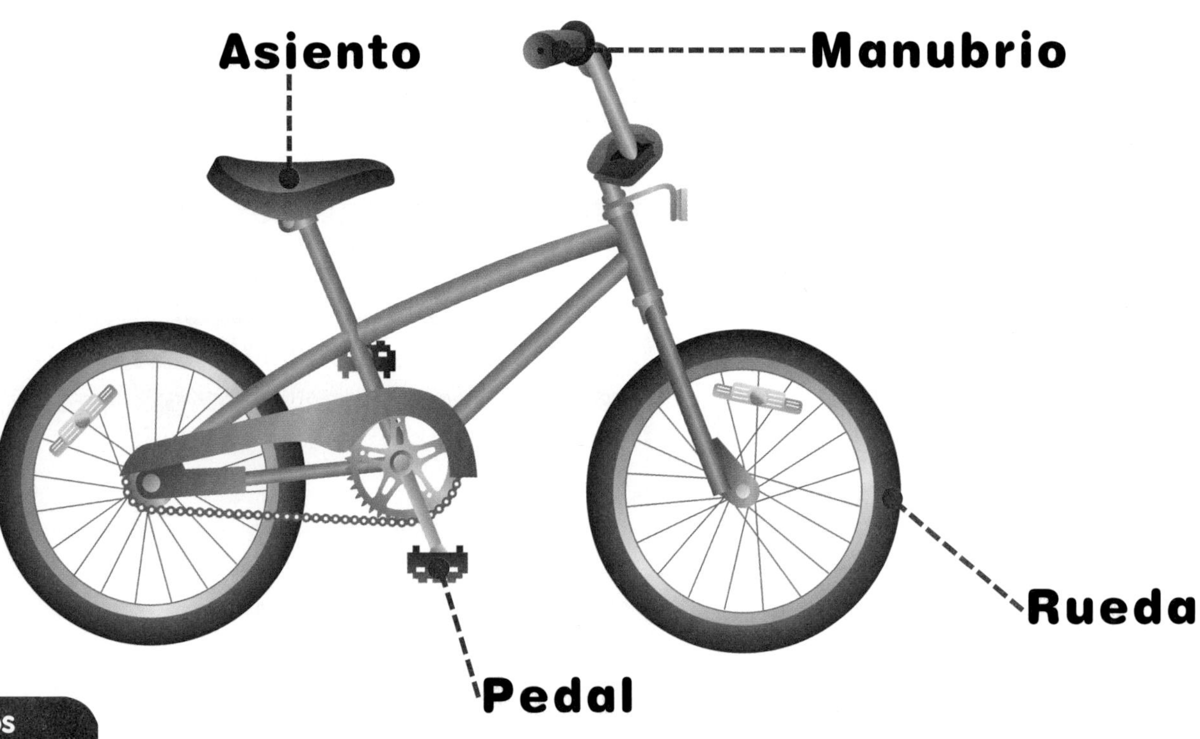


En los exámenes

¿Es tu respuesta completa y correcta?

## Destrezas por tu cuenta

Dibuja el diagrama de un carro. Nombra algunas de las partes. Escribe la descripción de un carro.

# ¿Qué aprendiste?

1. ¿Por qué vienen inmigrantes a los Estados Unidos?
2. Explica por qué muchos mexicoamericanos celebran el Cinco de Mayo.
3. Explica por qué los sitios notables son importantes.
4. **Piensa y comenta** Piensa en un nuevo día festivo que podrías agregar al calendario. Ponle un nombre a tu día festivo. Di cómo lo celebrarías.

# Lee acerca de la gente y los lugares de la historia

Busca libros como éstos en la biblioteca.

UNIDAD

# Proyecto 6

## Mi héroe o heroína

**Habla sobre tu héroe o heroína.**

1 **Escoge** una persona que para ti sea un héroe o una heroína.

2 **Escribe** acerca de por qué crees que esa persona es un héroe o heroína.

3 **Haz** un dibujo de esa persona. También dibuja o haz una medalla o una condecoración.

4 **Háblale** a la clase acerca de tu héroe o heroína.

**Actividad en la Internet**

Visita www.estudiossocialessf.com/actividades para aprender más sobre lugares históricos.

# Sección de referencia

## Contenido

# Atlas

## Fotografía de la Tierra

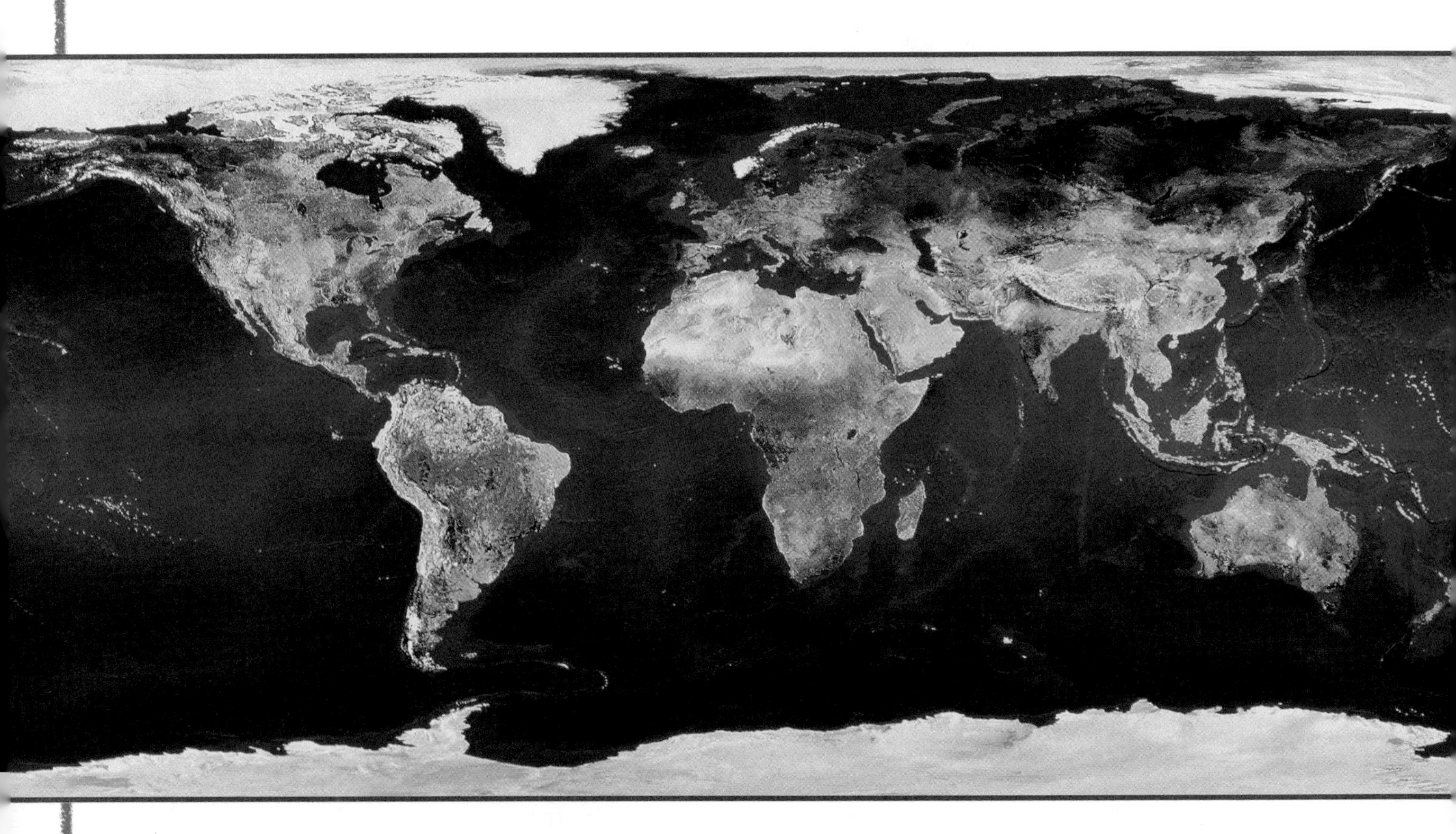

## Fotografía de América del Norte

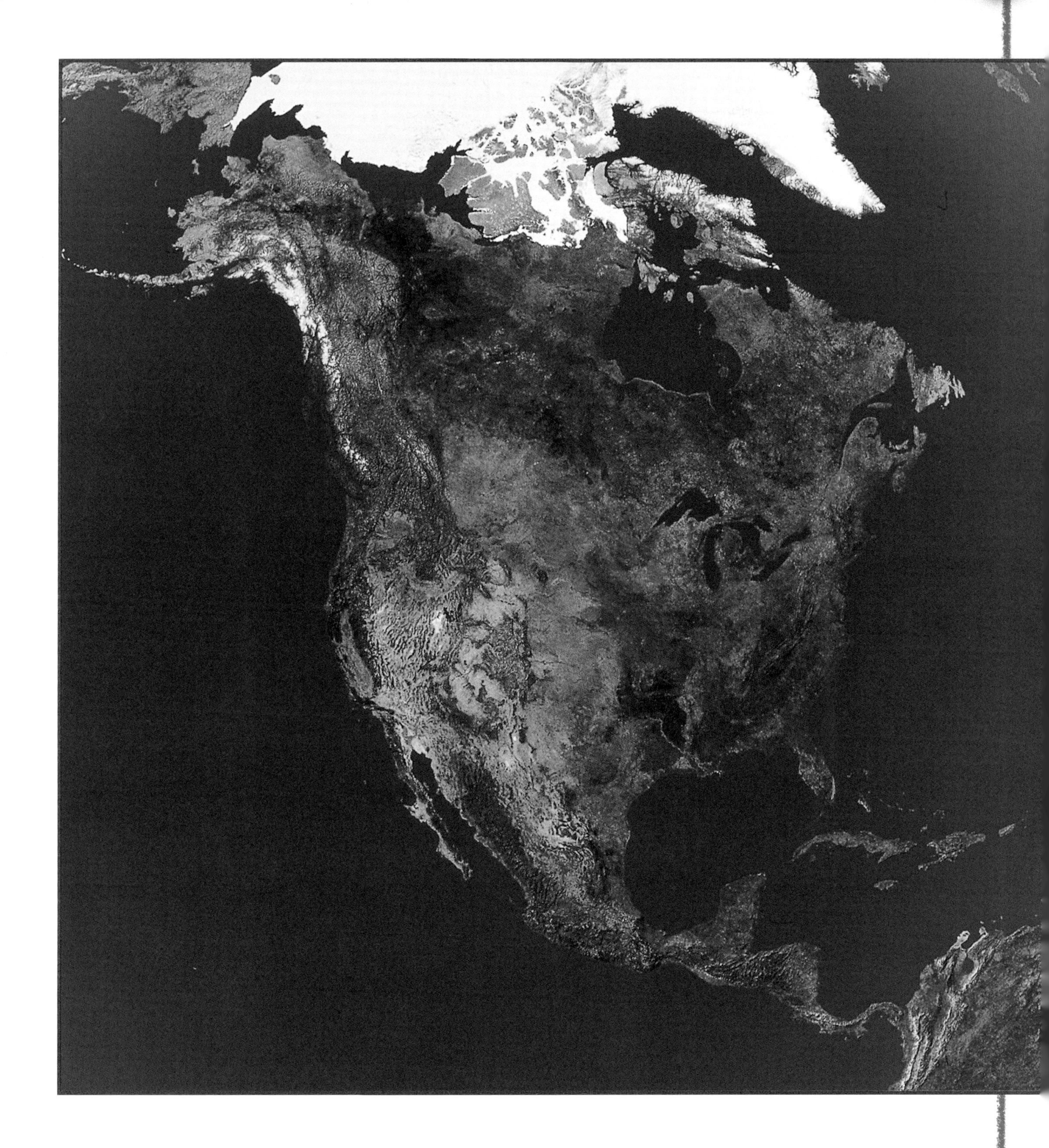

# Atlas

## Mapa del mundo

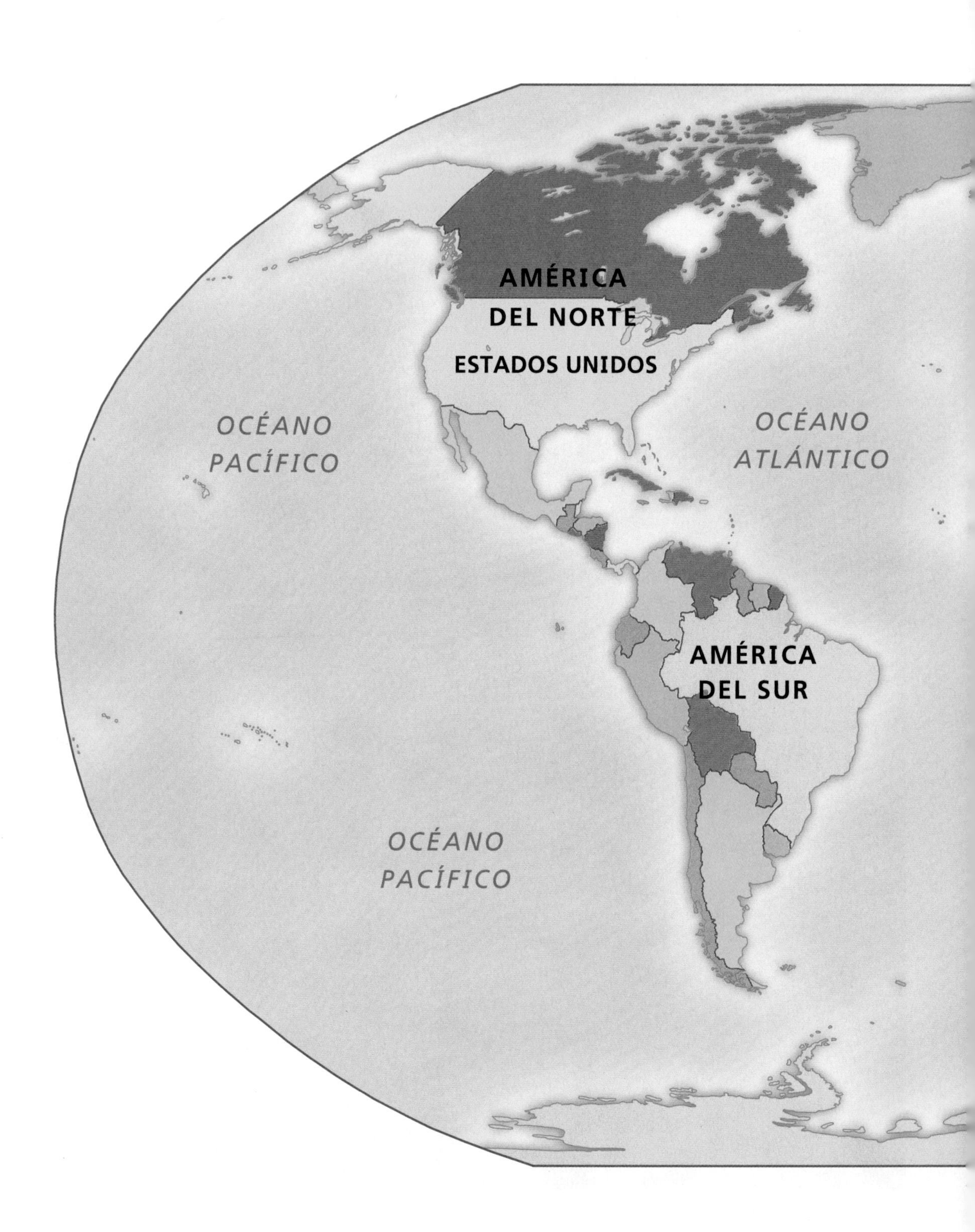

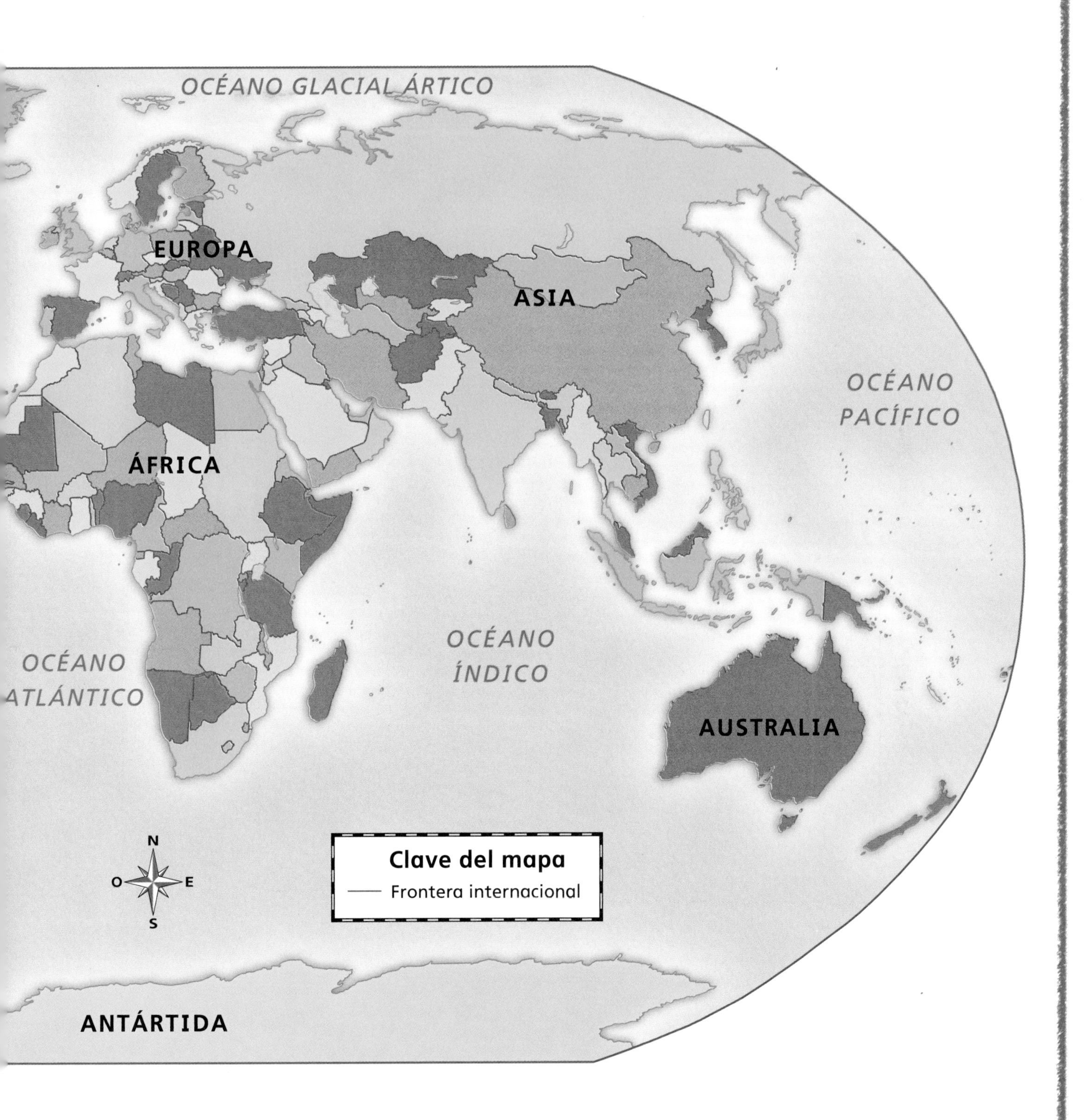
OCÉANO GLACIAL ÁRTICO
EUROPA
ASIA
OCÉANO
PACÍFICO
ÁFRICA
OCÉANO
ATLÁNTICO
OCÉANO
ÍNDICO
AUSTRALIA
N
O
E
S
Clave del mapa
Frontera internacional
ANTÁRTIDA

# Atlas

## Mapa de los Estados Unidos de América

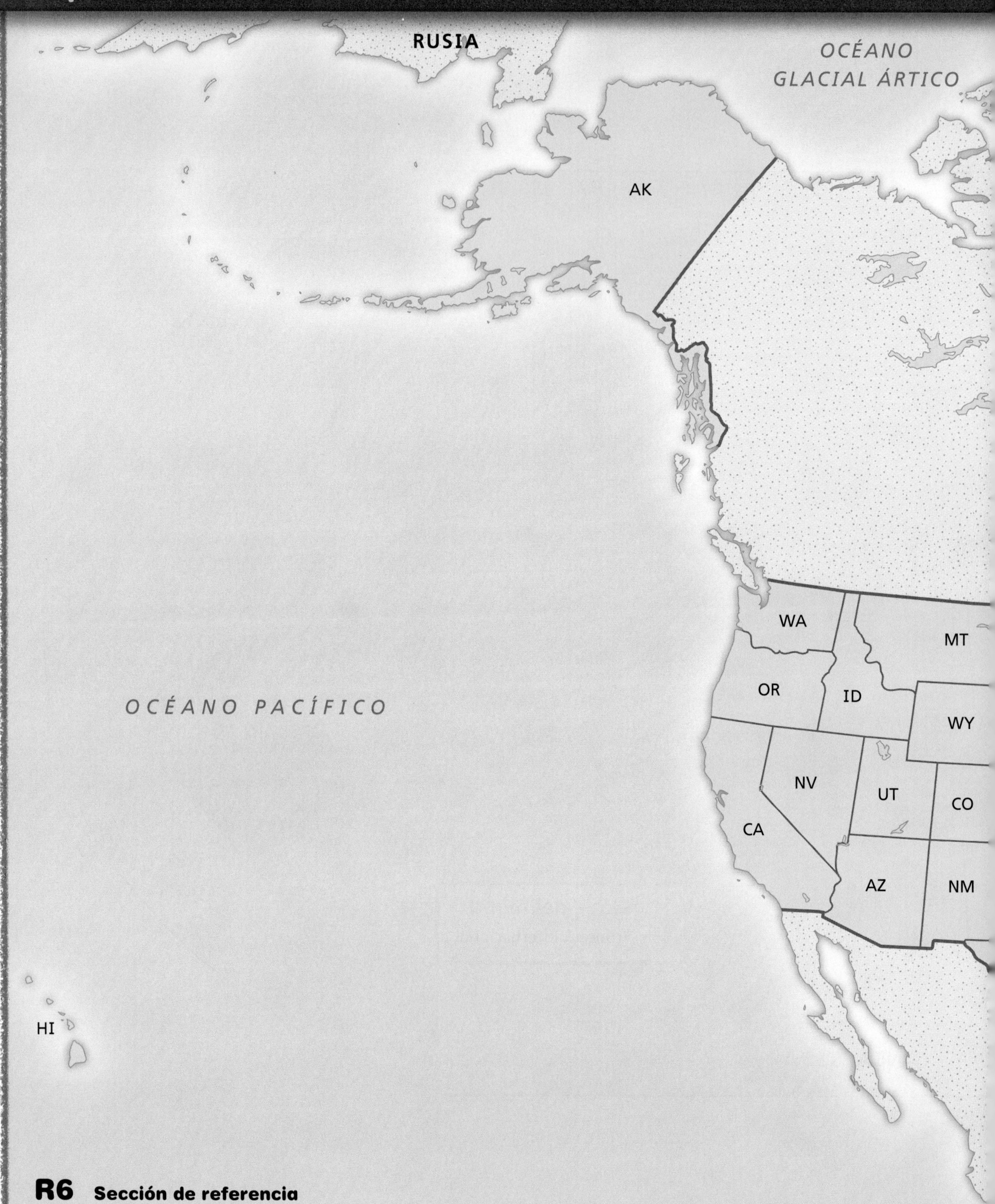

| Estado o área | Abreviatura |
|---|---|
| Alabama | AL |
| Alaska | AK |
| Arizona | AZ |
| Arkansas | AR |
| California | CA |
| Carolina del Norte | NC |
| Carolina del Sur | SC |
| Colorado | CO |
| Connecticut | CT |
| Dakota del Norte | ND |
| Dakota del Sur | SD |
| Delaware | DE |
| Distrito de Columbia | DC |
| Florida | FL |
| Georgia | GA |
| Hawai | HI |
| Idaho | ID |
| Illinois | IL |
| Indiana | IN |
| Iowa | IA |
| Kansas | KS |
| Kentucky | KY |
| Luisiana | LA |
| Maine | ME |
| Maryland | MD |
| Massachusetts | MA |
| Michigan | MI |
| Minnesota | MN |
| Mississippi | MS |
| Missouri | MO |
| Montana | MT |
| Nebraska | NE |
| Nevada | NV |
| New Hampshire | NH |
| Nueva Jersey | NJ |
| Nueva York | NY |
| Nuevo México | NM |
| Ohio | OH |
| Oklahoma | OK |
| Oregón | OR |
| Pennsylvania | PA |
| Rhode Island | RI |
| Tennessee | TN |
| Texas | TX |
| Utah | UT |
| Vermont | VT |
| Virginia | VA |
| Virginia Occidental | WV |
| Washington | WA |
| Wisconsin | WI |
| Wyoming | WY |

# Atlas

## Mapa de nuestros cincuenta estados

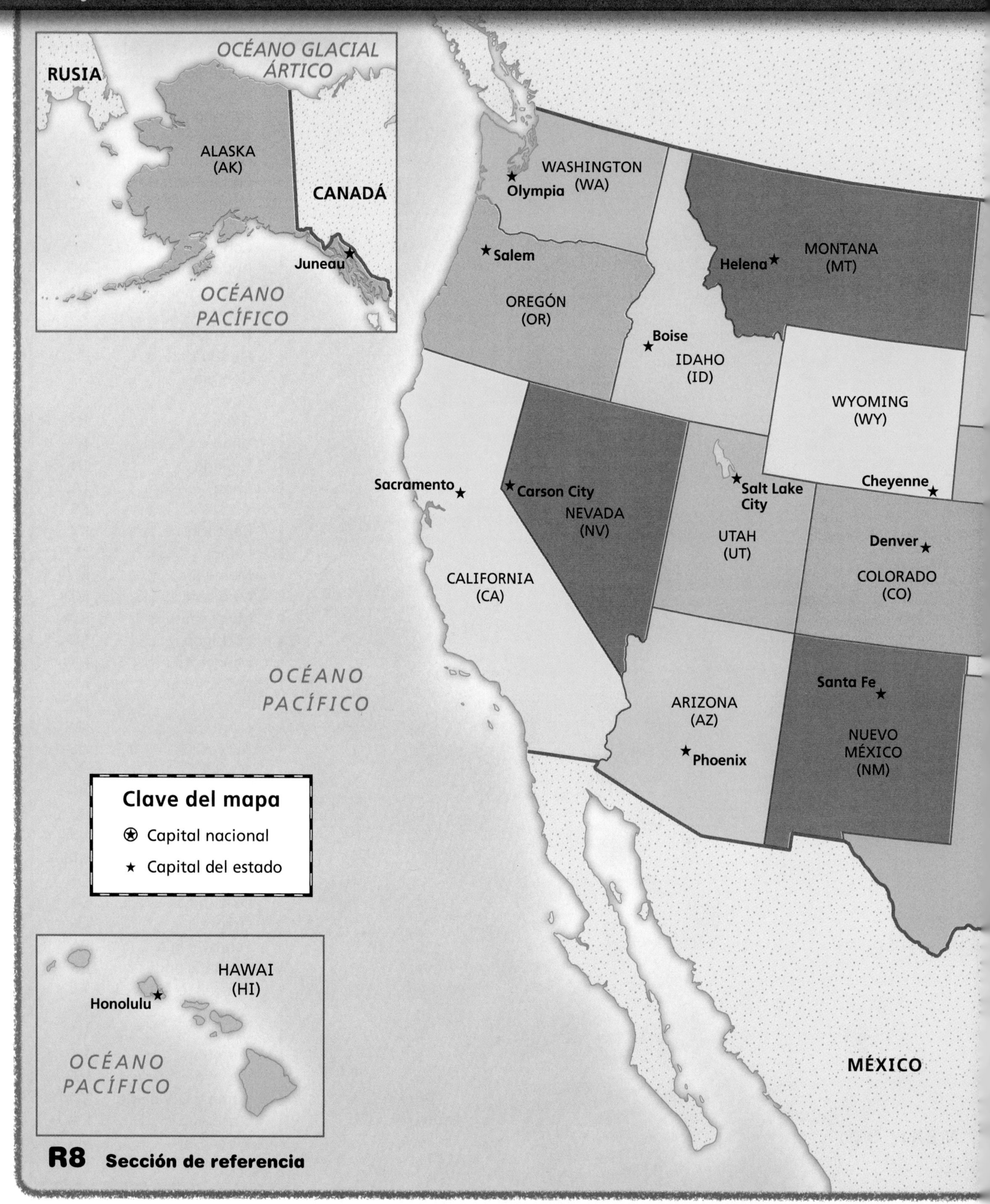

OCÉANO GLACIAL ÁRTICO
RUSIA
ALASKA (AK)
CANADÁ
Juneau
OCÉANO PACÍFICO
WASHINGTON (WA)
Olympia
Salem
OREGÓN (OR)
MONTANA (MT)
Helena
Boise
IDAHO (ID)
WYOMING (WY)
Cheyenne
Sacramento
Carson City
NEVADA (NV)
Salt Lake City
UTAH (UT)
Denver
COLORADO (CO)
CALIFORNIA (CA)
OCÉANO PACÍFICO
ARIZONA (AZ)
Phoenix
Santa Fe
NUEVO MÉXICO (NM)
Clave del mapa
Capital nacional
Capital del estado
HAWAI (HI)
Honolulu
OCÉANO PACÍFICO
MÉXICO

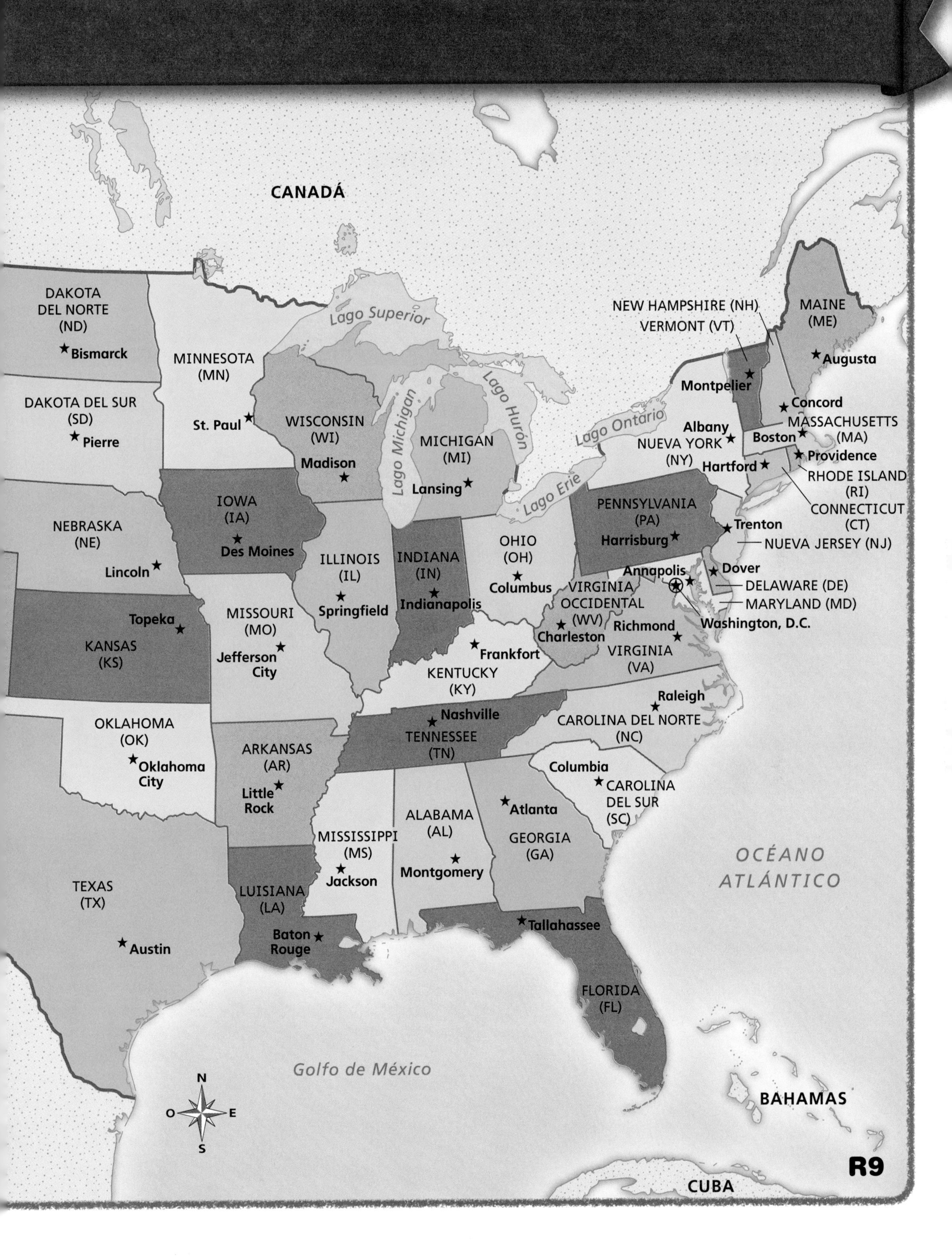

CANADÁ
Lago Superior
Lago Michigan
Lago Hurón
Lago Ontario
Lago Erie
DAKOTA DEL NORTE (ND)
Bismarck
DAKOTA DEL SUR (SD)
Pierre
MINNESOTA (MN)
St. Paul
WISCONSIN (WI)
Madison
MICHIGAN (MI)
Lansing
IOWA (IA)
Des Moines
NEBRASKA (NE)
Lincoln
ILLINOIS (IL)
Springfield
INDIANA (IN)
Indianapolis
OHIO (OH)
Columbus
PENNSYLVANIA (PA)
Harrisburg
NUEVA YORK (NY)
Albany
NEW HAMPSHIRE (NH)
VERMONT (VT)
Montpelier
MAINE (ME)
Augusta
Concord
MASSACHUSETTS (MA)
Boston
Providence
RHODE ISLAND (RI)
Hartford
CONNECTICUT (CT)
Trenton
NUEVA JERSEY (NJ)
Dover
DELAWARE (DE)
Annapolis
MARYLAND (MD)
Washington, D.C.
VIRGINIA OCCIDENTAL (WV)
Charleston
Richmond
VIRGINIA (VA)
KANSAS (KS)
Topeka
MISSOURI (MO)
Jefferson City
KENTUCKY (KY)
Frankfort
OKLAHOMA (OK)
Oklahoma City
ARKANSAS (AR)
Little Rock
TENNESSEE (TN)
Nashville
CAROLINA DEL NORTE (NC)
Raleigh
Columbia
CAROLINA DEL SUR (SC)
MISSISSIPPI (MS)
Jackson
ALABAMA (AL)
Montgomery
GEORGIA (GA)
Atlanta
TEXAS (TX)
Austin
LUISIANA (LA)
Baton Rouge
Tallahassee
FLORIDA (FL)
OCÉANO ATLÁNTICO
Golfo de México
BAHAMAS
CUBA
N
O
E
S

# Términos de geografía

**bosque**
gran extensión de tierra donde crecen muchos árboles

**isla**
formación de tierra totalmente rodeada de agua

**lago**
masa de agua totalmente o casi totalmente rodeada de tierra

**loma**
extensión de tierra redondeada, más alta que la tierra que la rodea

**llanura**
terreno muy grande y plano

**montaña**
formación de tierra más alta del planeta

**océano**
gran masa de agua salada

**península**
tierra casi totalmente rodeada de agua

**río**
corriente grande de agua que va hacia un lago, otro río o al mar

**valle**
tierra que queda entre montañas o lomas

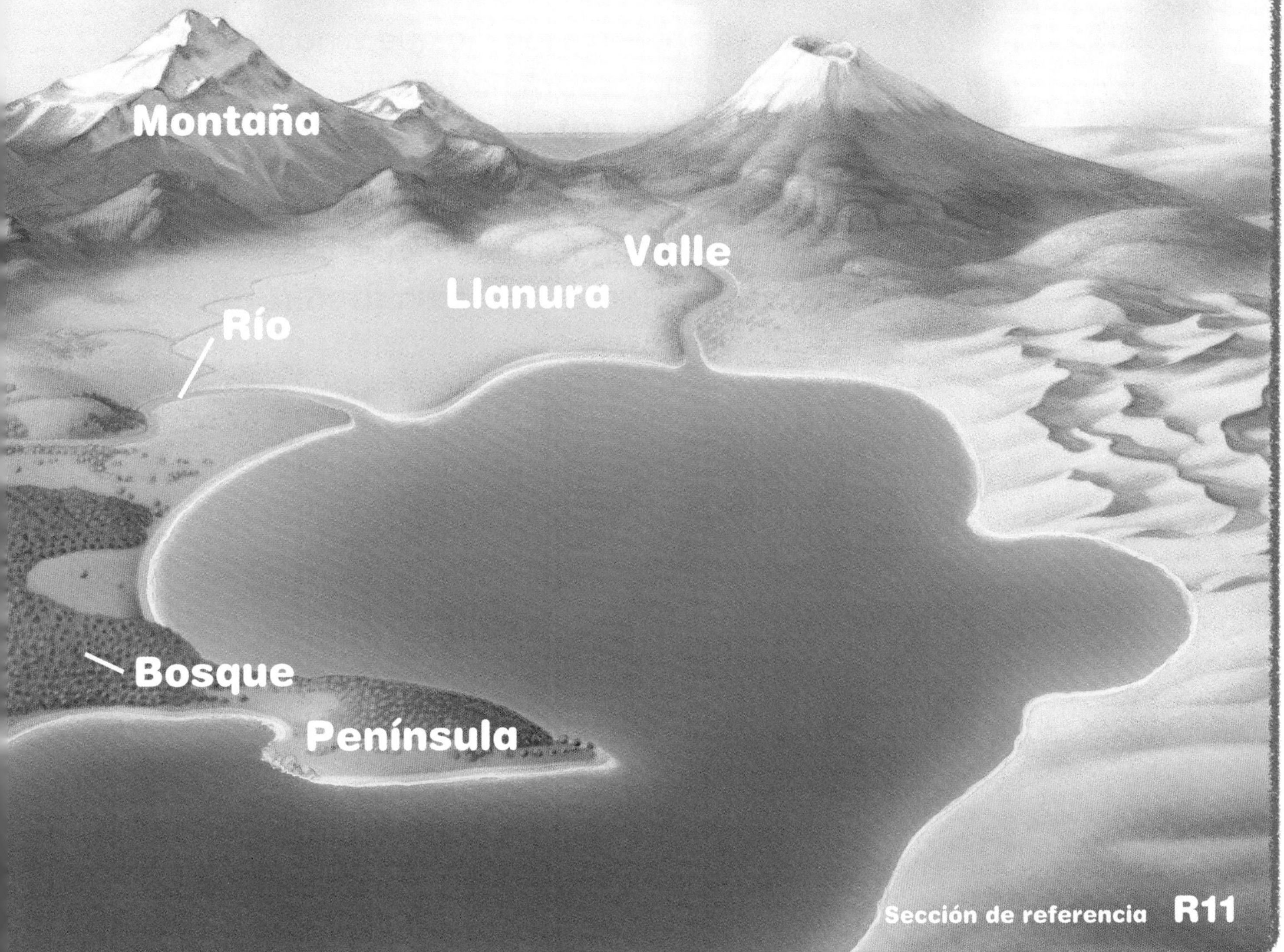

# Glosario ilustrado

**accidente geográfico**
Distintas formas que tiene la Tierra. Una montaña es un **accidente geográfico.** (página 56)

**alcalde**
Líder de un pueblo o ciudad. El **alcalde** habló en la reunión del concejo municipal. (página 155)

**antepasado**
Persona de nuestra familia que vivió mucho antes de que nosotros naciéramos. Mi bisabuela es mi **antepasado.** (página 68)

**área rural**
Zona con pequeñas comunidades y espacios abiertos. La granja está en un **área rural.** (página 26)

**área urbana**
La zona formada por una ciudad. Nos mudamos a un **área urbana.** (página 24)

**artefacto**
Objeto que se fabrica para darle un uso. Los **artefactos** históricos nos ayudan a aprender sobre el pasado. (página 272)

## bienes

Cosas que la gente fabrica o cultiva. En las tiendas se venden muchos **bienes.** (página 104)

## calendario

Tabla que muestra los días, las semanas, los meses y los años. El **calendario** nos ayuda a recordar fechas importantes. (página 262)

## capital

Ciudad donde trabajan los líderes de un estado o de un país. Washington, D.C., es la **capital** de los Estados Unidos. (página 33)

## ciudadano

Miembro oficial de un país, que tiene deberes y derechos. Soy un **ciudadano** de los Estados Unidos de América. (página 155)

## clave del mapa

Nos dice qué representan los símbolos del mapa. La **clave del mapa** nos ayuda a leer el mapa. (página 20)

## colonia

Lugar poblado por personas de otro país. Virginia fue una **colonia** inglesa. (página 210)

# Glosario ilustrado

### colono
Persona que vive en una colonia. Cada **colono** de Jamestown tenía que trabajar mucho. (página 211)

### comerciar
Comprar, vender o intercambiar bienes. La gente va al mercado a **comerciar** bienes. (página 134)

### comunicación
Dar y recibir ideas e información. El teléfono se usa para la **comunicación.** (página 278)

### comunidad
Lugar formado por muchos vecindarios. Hay muchas tiendas en mi **comunidad.** (página 16)

### Congreso
La parte del gobierno que escribe y vota por las leyes para todos nuestros estados. Me gustaría que me eligieran para el **Congreso** algún día. (página 167)

### conservación
Cuidar y proteger la tierra, el agua, las plantas y los animales. Los guardabosques nos enseñan sobre la **conservación.** (página 82)

### consumidor
Persona que compra y usa productos. El **consumidor** compra productos en la tienda. (página 71)

## costumbre

Manera especial en que un grupo hace algo. Es **costumbre** celebrar algunos días festivos participando en un desfile. (página 257)

## cuadrícula

Diseño con líneas que forman cuadros. El diseño de **cuadrícula** me ayuda a encontrar los sitios en el mapa. (página 185)

## cultivo

Plantas que la gente siembra para alimento o para otros usos. El maíz es un **cultivo** que brinda alimento. (página 78)

# D

## día festivo

Día especial. Nuestro **día festivo** preferido es el Día de Acción de Gracias. (página 256)

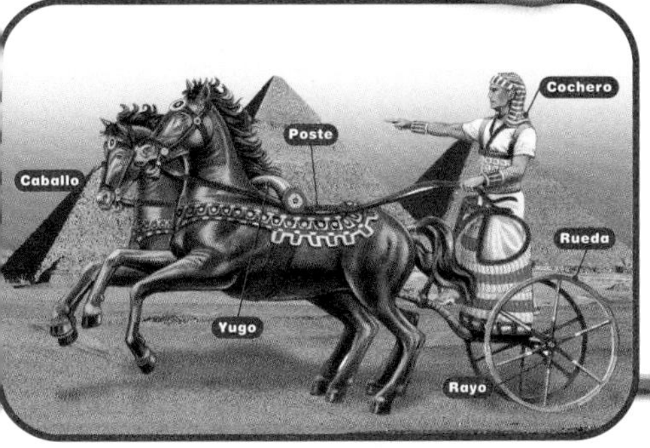


## diagrama

Dibujo que muestra las partes de una cosa y nos da información. Miramos un **diagrama** para aprender más acerca de la carreta. (página 277)

# E

## explorador

Persona que viaja a un lugar nuevo para conocerlo. Meriwether Lewis fue un **explorador.** (página 210)

# Glosario ilustrado

**fábrica**
Edificio donde se producen o se procesan bienes. En esta fábrica ponen el jugo en botellas. (página 120)

## G

**geografía**
El estudio de la Tierra y de cómo la usamos. El globo terráqueo me ayuda a aprender acerca de la **geografía.** (página 56)

**gobernador**
El líder del gobierno del estado. El **gobernador** vino a nuestra ciudad. (página 160)

**gobierno**
Grupo de personas que trabajan juntas para administrar una ciudad, un estado o un país. Nuestro **gobierno** hace leyes para mantenernos fuera de peligro. (página 154)

**gráfica circular**
Dibujo en forma de círculo que muestra cantidades. Matt hizo una **gráfica circular** para mostrar en qué forma usó sus ingresos. (página 130)

**gráfica de barras**
Dibujo que sirve para comparar cosas. Esta **gráfica de barras** muestra las frutas favoritas de los niños en la clase de Josh. (página 80)

**historia**

Cuenta sobre la gente y los lugares del pasado. Las fotos a veces nos enseñan sobre la **historia** de la gente. (página 22)

**impuestos**

Dinero que recauda el gobierno. Parte del dinero de nuestros **impuestos** será usado para construir una nueva escuela. (página 113)

**independencia**

Ser libre de otras personas o lugares. Los colonos querían tener **independencia** de Inglaterra. (página 217)

**ingresos**

Dinero que se gana por trabajar. Parte de los **ingresos** de mi familia sirve para comprar zapatos. (página 104)

**inmigrante**

Persona que llega a vivir a un nuevo país. Mi abuelo fue un **inmigrante** en nuestro país. (página 250)

**invento**

Algo nuevo que una persona crea o imagina. La carretilla es un **invento** que mucha gente usa. (página 275)

**lema**

Palabra o dicho que la gente trata de seguir en su vida diaria. Este símbolo tiene escrito un **lema.** (página 181)

**ley**

Regla que todos debemos cumplir. Los agentes de policía ayudan a que se cumpla la **ley.** (página 9)

**libertad**

Derecho de todos los ciudadanos a tomar decisiones. La Campana de la Libertad es un símbolo de la **libertad.** (página 180)

**línea cronológica**

Muestra el orden en que pasan las cosas. Hicimos una **línea cronológica** de los días festivos. (página 226)

M

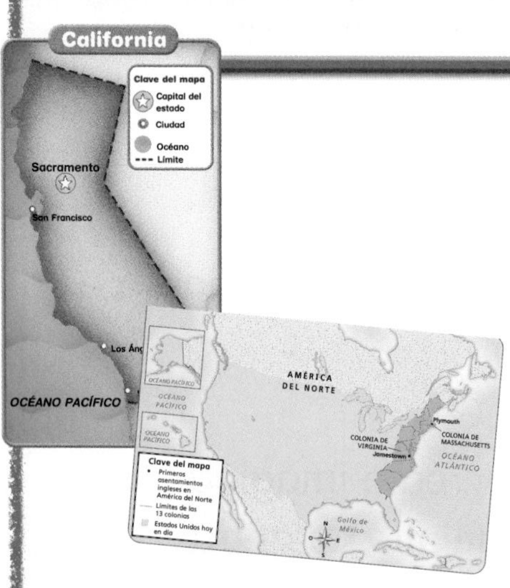


**mapa**

Ilustración que muestra dónde están ubicados los lugares. Encontramos nuestro estado en el **mapa.** (página 20)

**mapa de historia**

Muestra los lugares del pasado. Este **mapa de historia** muestra las colonias inglesas. (página 214)

**monumento**
Edificio o estatua en honor a una persona o a un suceso. El **monumento** a Lincoln es famoso. (página 182)

## P

**pionero**
Persona que va primero y prepara el camino para los demás. Los **pioneros** tenían que trabajar duro. (página 224)

**presidente**
El líder de nuestro país. El **presidente** dio un discurso. (página 168)

**productor**
Persona que fabrica o cultiva algo. Los agricultores son **productores.** (página 68)

## R

**recurso natural**
Material útil que viene de la Tierra. La tierra del suelo es un **recurso natural.** (página 76)

**rosa de los vientos**
Ilustración que muestra los puntos cardinales de un mapa. El niño vio el punto cardinal en la **rosa de los vientos.** (página 124)

# Glosario ilustrado

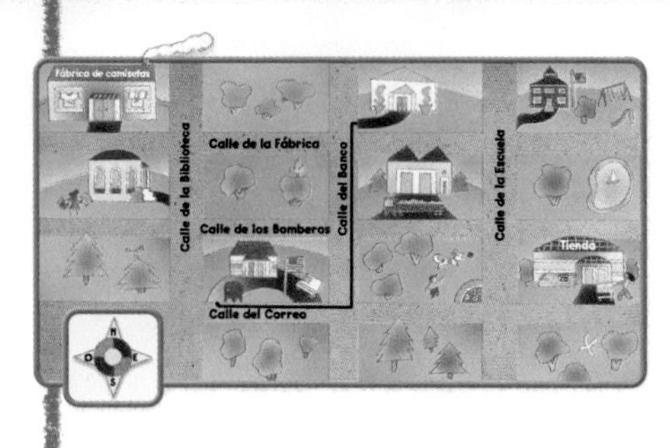


### ruta

Camino que se toma para llegar de un lugar a otro. Este mapa muestra la **ruta** desde la oficina de correos hasta el banco. (página 125)

## S

### servicios

Trabajos que hacen unas personas para ayudar a otras. El trabajador de un restaurante nos presta sus **servicios.** (página 105)

### símbolo

Dibujo que representa algo. Ella encontró el **símbolo** de árbol en el mapa. (página 20)

### sitio notable

Un edificio o un lugar que es importante o interesante. El monte Rushmore es un **sitio notable.** (página 264)

### suburbio

Tipo de comunidad ubicada cerca de una ciudad. El **suburbio** donde yo vivo queda cerca de la Ciudad de Nueva York. (página 25)

## T

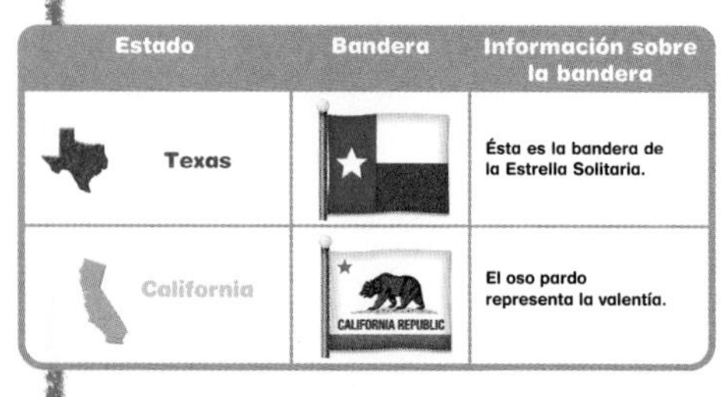

| Estado | Bandera | Información sobre la bandera |
|---|---|---|
| Texas | | Ésta es la bandera de la Estrella Solitaria. |
| California | CALIFORNIA REPUBLIC | El oso pardo representa la valentía. |

### tabla

Especie de lista. La **tabla** mostraba información importante. (página 164)

### tradición

Algo que se hace de la misma manera desde hace muchos años. Celebrar el Día de la Independencia es una **tradición** familiar. (página 207)

### transporte

Forma de mover bienes o personas de un lugar a otro. El avión es un medio de **transporte.** (página 135)

### trueque

Hacer trueque quiere decir dar bienes o servicios a cambio de otros bienes y servicios, sin usar dinero. Hacemos **trueque** para obtener lo que necesitamos. (página 138)

## V

### vivienda

Un lugar para vivir. Todos necesitamos una **vivienda.** (página 203)

### votar

Tomar una decisión que luego es contada. Vamos a **votar** para elegir al presidente de la clase. (página 11)

# Índice

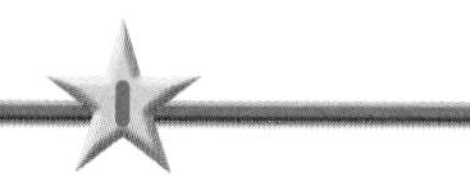

# Índice

R

S

T

V

W

# Reconocimientos

**Dorling Kindersley (DK)** is an international publishing company specializing in the creation of high quality reference content for books, CD-ROM's, online and video. The hallmark of DK content is its unique combination of educational value and strong visual style—this combination allows DK to deliver appealing, accessible and engaging educational content that delights children, parents and teachers around the world. Scott Foresman is delighted to have been able to use selected extracts from DK content within this Social Studies program.

40–41 from *Children Just like Me* by Anabel Kindersley. Copyright) © 1995 by Dorling Kindersley Limited; 118–119 from *Big Book of Rescue Vehicles* by Caroline Bingham. Copyright) © 2000 by Dorling Kindersley Limited; 260–261 from *Celebrations* by Anabel Kindersley and Barnabas Kindersley. Copyright) © 1997 by Dorling Kindersley Limited.

**Maps:** MapQuest.com, Inc. **Illustrations:** 20 Robert Krugle; 28,132 Meryl Treatner; 34 Marc Scott; 42 Susan Tolonen; 46, 144, 192 David Brion; 60, 124, 161 Diane Teske Harris;74 Stacey Schuett; 86 Ann Barrow; 90 Claudia Hammer; 90 Shelly Bartek; 100 Martha Aviles; 116 Bill & Debbie Farnsworth; 140 Darryl Ligasan; 140 Lauren E. Simeone; 170 Keaf Holliday; 178 Tony Wade; 184 Steven Mach; 186 Amy Vangsgard; 202 Derek Grinnell; 222, 228 Tony Morse; 239 Bill Reynolds; 250, 252 Mark Stein; 273 Doug Knutson; EM Leland Klanderman.

**Front Matter:** H4 (TC) Eyewire, Inc., (TL) Jim Cummins/FPG International LLC, (TR) Jim Arbogast/PhotoDisc, (BR) © Comstock Inc., (BC) Britt J. Erlanson-Messens/Image Bank, (BL) Stephen Simpson/FPG International LLC; H5 Don Klumpp/Image Bank; H6 Michael Newman/PhotoEdit; H8 (Bkgd) Richard Cummins/Corbis, (R) Patrick Bennett/Corbis, (L) Kelly/Mooney Photography/Corbis; H9 (L) © 1996-7 by Jim Potts, (R) Ron Thomas (1994)/FPG International LLC; H12 Douglas Slone/Corbis

**Unit 1:** 2 Patti McConville/Image Bank; 4 (BC) Joseph Sohm/Corbis; 5 (T) Joseph Sohm/Corbis, (TC) Jeff Greenberg/PhotoEdit, (BC) Thomas Hallstein; 8 Michael S. Yamashita/Corbis-Bettmann; 9 (BL) Coco McCoy/Rainbow, (TR) PhotoDisc, (BR) Chris Rogers/Rainbow, (TL) Corbis; 12,13 Kids Care Clubs; 17 (TR) Max Alexander/© Dorling Kindersley, (BR) Ann Stratton/FoodPix; 18 (L) Rich LaSalle/Stone; 19 (TR) Gail Mooney/Corbis, (CR) Evan Agostini/Liaison Agency; 22 Lake County Museum/Corbis-Bettmann; 23 SuperStock; 24 (BR) Michael S. Yamashita/Corbis-Bettmann; 25 (Bkgd) Robert Shafer/Stone, (BL) Jeff Greenberg/PhotoEdit; 26 (Bkgd) Bob Daemmrich/Image Works, (C) Paul Redman/Stone; 27 (CR) Peter Pearson/Stone, (TR) Bill Bachmann/PhotoEdit, (CL) Joseph A. Rosen; 29 Courtesy King Ranch Inc., Kingsville, Texas; 33 (TR) J. Pickerell/Image Works, (B) Bob Rowan; Progressive Image/Corbis; 35 The Granger Collection, New York; 38 (BL) Corbis, (T) Keren Su/Stone, (BR) D Palais/Art Directors & TRIP Photo Library, (BL) SuperStock, (C) James P. Rowan Stock Photography; 38 (BR) D. Clegg/Art Directors & TRIP Photo Library; 40 Barnabas and Anabel Kindersley/© Dorling Kindersley, Art Directors & TRIP Photo Library; 41 (TL) Barnabas and Anabel Kindersley/© Dorling Kindersley; **Unit 2:** 49, 50, 51 (Bkgd) Frederick D. Atwood; 52 (TL) McCarthy/Corbis/Corbis Stock Market, (BL) Kunio Owaki/Corbis Stock Market, (CL) Joe Sohm/Image Works, (CL) Prescott & White/Stone; 53 (CR) Joel W. Rogers/Corbis, (TR) Eric Larrayadieu/Stone, (CR) Craig Aurness/Corbis; 55 (BR) Ryan McVay/PhotoDisc; 57 (T) Joe Sohm/Image Works, (C) Yva Momatiuk & John Eastcott/Image Works, (B) Gary Braasch/Woodfin Camp & ciates; 58 (TR) 1995/Charles Feil/Views from Above, (CR) Dean Abramson/ Stock, CoInc/PictureQuest, (BR) Catherine Karnow/Woodfin Camp & Associates, (BL) Arthusers/Corbis; 59 (T) Myrleen Ferguson/PhotoEdit, (B) Dan Budnik/Woodfin Native Stoctes; 62 (L) RubberBall Productions/PictureQuest, (R) David Muench/Stark Brothers er Titus/Stone; 64 (T) Sondra Dawes/Image Works, (B) Yann Heseltine/Corbis, (B) 66 (B) Corbis/Corbis-Bettmann, (T) Marilyn "Angel" Wynn/Stock Boston; 72, 73 Smit Disc, (T) Marilyn "Angel" Wynn/Nativestock; 68 Courtesy (B) AP/Wide World; 77 (TR) Du ington Apple Commission; 70 Vincent Dewitt/Squared Studios/PhotoDisc; 82 Na ution; 75 (T) Justin Sullivan/AP/Wide World, National Park Service; 84 National Parinbow; 78 (T) Robert Glusic/PhotoDisc; 81 C the Interior; 87 George Rinhart/Corbis-Betarvice; 83 (B) George Lepp/Corbis, (T) Guardian Angel Settlement Association, (BR) Reto/United States Department of Guardian Angel Settlement Association, (BL) Gary W. Earth Angels/Courtesy Carter/Corbis; **Unit 3:** 100 (T) Photolink/PhotoDisc, (TC) hy/Earth Angels/Courtesy (BC) Photolink/PhotoDisc; 101 (T) Corbis, (BC) Randy Jolly/Imrbis; 89 (B) Gary W. A. Souders/Corbis; 110, 111 Courtesy Phoenix Kids Pride Commissi rs/Stock Boston, Dorantes/Latin Focus, (B) B. Mahoney/Image Works, (T) Greg Kuchik/ ; 103 (T) Paul 43: Business & Occupations/PhotoDisc; 115 (T) R. Lord/Image Works, (B) Su ) Jimmy 118, 119 Aberdeen Fire Department, Maryland/© Dorling Kindersley; 120 Amy eries Etra/PhotoEdit; 121 (C) PhotoDisc, (T) Richard Hamilton Smith/Corbis, (B) Inga Spence/Index Stock Imagery; 122 (TL), (TR), (TC), (BR) Courtesy of National Cotton Council of America; 122 (BL) Courtesy Gaston County Dyeing Machine; 122 (BC) Amy C. Etra/PhotoEdit; 126Richard Lord/PhotoEdit; 133 Courtesy of Linda Alvarado/Alvarado Construction Inc.; 134 (BR) Michael S. Yamashita/Corbis; 135 (T) Lester Lefkowitz/Corbis Stock Market, (B) Gallo Images/Corbis; 136 Charles O. Cecil/Words & Pictures/PictureQuest; 138 F.S. Church/North Wind Picture Archives; **Unit 4:** 147 (Bkgd) John Neubauer/PhotoEdit; *148, 149 (Bkgd) Jeff Greenberg/Photo Edit; 150 (T)* Phillip Gould/Corbis, (TC) N.P. Alexander/Visuals Unlimited, (BC) Daemmrich Photography, (B) Grasser/Mauritius/H. Armstrong Roberts; 151 (TC) The Granger Collection, New York, (T) Vivian Ronay, (C) R. Kord/H. Armstrong Roberts, (BC) The Granger Collection, New York, (BR) David Jennings/Image Works; 156 W.J. Scott/H. Armstrong Roberts; 158, 159 Courtesy, Anna Beavers; 164 (TL) Jeff Greenberg/Visuals Unlimited, (TC) Mary Ann McDonald/Visuals Unlimited, (TR) William J. Weber/Visuals Unlimited, (CL) Andre Jenny/Focus Group/PictureQuest, (CC) Maslowski/Photo Researchers, Inc., (CR) Pat O'Hara/Corbis, (BL) H. Abernathy/H. Armstrong Roberts, (BC) Arthur C. Smith III/Grant Heilman Photography, (BR) Hal Horwitz/Corbis; 167 (T) Mark Wilson/Newsmakers/Liaison, (B) Tom McCarthy/PhotoEdit; 168 (B) Dennis O'Clair/Stone; 169 (B) Fred Ward/Black Star, (T) Lee Snider/Corbis; 171 (T) Bettman Archives/Corbis-Bettmann, (B) Corbis-Bettmann; 176, 177 Smithsonian Institution; 179 (T) Corbis-Bettmann, (B) TimePix; 182 (CL) Hisham F. Ibrahim/PhotoDisc, (T) Museum of the City of New York/Corbis, (BL) D. Gaudette/Stone, (BR) Corbis-Bettmann, (CC) David Jennings/Image Works, (CR) Bettmann/Corbis; 183 (Bkgd) Archive Photos; **Unit 5:** 195 (Bkgd) Robert Glusic/PhotoDisc; 196 (L) The Newark Museum/Art Resource, NY, (BC) The Purcell Team/Corbis, (TC) The Newark Museum/Art Resource, NY, (R) The Newark Museum/Art Resource, NY; 198 (T) John Elk III/Stock Boston, (BC), (B) The Granger Collection, New York, (TC) Bill Ross/Corbis; 199 (T), (B) The Granger Collection, New York, (C) N. Carter/North Wind Picture Archives; 203 (TL) Phyllis Picardi/Stock Boston, (TCL) Jamestown Yorktown Foundation, Williamsburg, VA (TCR) Marilyn "Angel" Wynn, (TR) The Granger Collection, New York, (CL) Momatiuk/Eastcott/Woodfin Camp & Associates, (CCL) Marilyn "Angel" Wynn, (CCR) Corbis, (CR) North Wind Picture Archives, (BL) Reinhard Brucker/Westwind Enterprises, (BCL) Werner Forman Archive/Arizona State Museum/Art Resource, NY, (BCR) David Weintraub/Stock Boston, (BR) 1995-2001 Denver Public Library, Western History Collection/Library of Congress; 204 (TR), (BL) Marilyn "Angel" Wynn, (BR), (TL) Reinhard Brucker/Westwind Enterprises; 205 (T) North Wind Picture Archives, (B) Buddy Mays/Corbis; 206 (BR) Dakota Indian Foundation, (BL) Reinhard Brucker/Westwind Enterprises, Werner Forman Archive/Field Museum of Natural History, Chicago, USA/Art Resource, NY; 207 (CR) Dakota Indian Foundation, (BR) Reinhard Brucker/Westwind Enterprises; 208, 209 Smithsonian Institution; 210 (TL) Archivo Iconografico, S.A./Corbis, (BL) North Wind Picture Archives, (BR) N. Carter/North Wind Picture Archives; 211 Hulton Getty/Stone; 212 (T) The Granger Collection, New York, (B) North Wind Picture Archives; 213 (T) Tom McCarthy/PhotoEdit, (B) PhotoDisc; 215 Archive Photos; 216 The Granger Collection, New York; 217 Stock Montage Inc.; 218 (B) Stock Montage Inc., (T) Museum of the City of New York/Corbis; 221 (T) Michael A. Dwyer/Stock Boston, (B) The Granger Collection, New York; 222 Marilyn "Angel" Wynn/Nativestock; 223 North Wind Picture Archives; 227 (L) Corbis (R) The Granger Collection, New York; 229 (T) Archive Photos, (C) David Ulmer/Stock Boston, (B) Art Resource, NY; 230 The Granger Collection, New York; 231 Corbis-Bettmann; 232 (BL) Bettmann/Corbis, (BR) The Granger Collection, New York; 233 (T) The Granger Collection, New York, (B) Corbis-Bettmann; 235 (T) Hulton Getty Picture Library/Stone; 240 (L) AP/Wide World, (R) Kevin Fleming/Corbis; **Unit 6:** 243 (Bkgd) M. Lee/Art Directors & TRIP Photo Library, (B) Austrian Archives/Corbis; 244 © Klaus Lahnstein/Getty Images/Stone; 245 (TR) Bob Krist/Corbis, (TL) Latin Focus, (BR) Horace Bristol/Corbis, (BL) Austrian Archives/Corbis; 246 (TL) California State Parks, (BC) Spencer Grant/PhotoEdit, (TC) Joel Sartore/Grant Heilman Photography, (B) C. Borland/PhotoLink/PhotoDisc; 247 (C) Gemma Giannini/Grant Heilman Photography, (T) The Granger Collection, New York; 248, 249 (Bkgd) PhotoDisc; 251 (T) Corbis-Bettmann, (B) Catherine Ursillo/Photo Researchers, Inc.; 252 (T) The Granger Collection, New York, (B) David Ryan/ Photo 20-20/PictureQuest; 253 Jeff Greenberg/PhotoEdit; 254 (BR) Corbis, (L) NASA/Photo Researchers, Inc.; 255 NASA; 256 (BR) Corbis-Bettmann, (BL) Flip Schulke/Corbis, (TC) Stock Montage, Inc.; 257 (BL) Kevin Fleming/Corbis, (BC) Spencer Grant/PhotoEdit, (TL) Corbis-Bettmann, (TR) Rhoda Sidney/PhotoEdit, (BR) Steve Cole/PhotoDisc; 258 (BL) Daemmrich Photography, (BR) Brenda Tharp/Photo Researchers, Inc., (T) © Bob Daemmrich/Stock Boston; 259 (T) Daemmrich Photography, (B) The UT Institute of Texan Cultures, No. 86–400/Courtesy of the Houston Public Library; 260, 261 Barnabas Kindersley/© Dorling Kindersley; 264 (L) Corbis-Bettmann, (R) Kevin Horan/Stock Boston; 265 (T) David Muench/Corbis, (BR) D. Boone/Corbis, (BL) Donald E. Martin; 266 (B) R. Morley/Photo Link/PhotoDisc, (TR) Bill Ross/Corbis, (TL) C. Borland/PhotoLink/PhotoDisc; 267 (TC) Kevin Horan/Stock Boston, (BC) David Muench/Corbis, (BL) D. Boone/Corbis, (C) Donald E. Martin, (BR) R. Morley/PhotoLink/PhotoDisc, (TR) Bill Ross/Corbis, (TL) C. Borland/PhotoLink/PhotoDisc; 269 (T) Ellis Herwig/Stock Boston, (B) Owen Franken/Corbis; 270 Charles Preitner/Visuals Unlimited; 271 Peter Menzel/Stock Boston; 272 (BC) H. Rogers/Art Directors & TRIP Photo Library, (TC), (TL) The Granger Collection, New York, (BR) H. Rogers/Art Directors & TRIP Photo Library, (BL) P. Belzeaux/Photo Researchers, Inc., (TR) Photo Researchers, Inc.; 273 (T) Rudi von Briel/PhotoEdit, (B) Jack Fields/Corbis; 274 (BR) H. Rogers/Art Directors & TRIP Photo Library, (BL) Corbis-Bettmann, (T) Lloyd Cluff/Corbis; 275 (L) Gemma Giannini/Grant Heilman Photography, (T) Bill Gallery/Stock Boston, (R) Farrell Grehan/Photo Researchers, Inc.; 276 Charles Preitner/Visuals Unlimited ; 278 Michael Newman/PhotoEdit; 279 (R) Lloyd Cluff/Corbis, (L) Will & Deni McIntyre/Photo Researchers, Inc.; 280 (T) Ewing Galloway/Index Stock Imagery, (B) Hulton-Deutsch Collection/Corbis; 281 (R) Corbis-Bettmann; 283 (B) Corbis-Bettmann; 287 Steve Cole/PhotoDisc

**End Matter:** R12 (T) Prescott & White/Stone, (B) Buddy Mays/Corbis; R13 (TC) Daemmrich Photography, (BC), (C) The Granger Collection, New York, (B) Joseph Sohm/Corbis, (T) J. Pickerell/Image Works; R14 (T) Vivian Ronay, (TC) Eric Crayadieu/Stone, (BC) Craig Aurness/Corbis, (B) Spencer Grant/Photoedit, (BL) Kord/ Preitner/Visuals Unlimited; R15 (T) The Granger Collection, New York, (C) R. (TC) Corbistrong Roberts, (B) Phillip Gould/Corbis, (BC) Jeffry Myers/Stock Boston, Foundation, (B) (BC) Tom McCarthy/PhotoEdit, (TC) Colonial Williamsburg R17 (TC) N. Carter/ ifornia State Parks, (T) Grasser/Mauritius/H. Armstrong Roberts; Giannini/Grant Heilman Wind Picture Archives, (T) Photolink/PhotoDisc, (C) Gemma Granger Collection, New Yo otography, (CL)Joe Sohm/Image Works; R18 (BC) The Unlimited; R19 (T), (TC) The Granger (B) Joel W. Rogers/Corbis, (T) N.P. Alexander/Visuals Stock Market, (B) Thomas Hallstein; R20 ollection, New York, (BC) Kunio Owaki/Corbis Photolink/PhotoDisc; R21 (BC) Randy Jolly/Image Works, (TL) AP/Wide World, (TR) (TC) John Elk III/Stock Boston, (T) Kevin Fleming/Corbis, (TC) Bill Ross/Corbis;

# Reconocimientos


**Dorling Kindersley (DK)** is an international publishing company specializing in the creation of high quality reference content for books, CD-ROM's, online and video. The hallmark of DK content is its unique combination of educational value and strong visual style—this combination allows DK to deliver appealing, accessible and engaging educational content that delights children, parents and teachers around the world. Scott Foresman is delighted to have been able to use selected extracts from DK content within this Social Studies program.

40–41 from *Children Just like Me* by Anabel Kindersley. Copyright) © 1995 by Dorling Kindersley Limited; 118–119 from *Big Book of Rescue Vehicles* by Caroline Bingham. Copyright) © 2000 by Dorling Kindersley Limited; 260–261 from *Celebrations* by Anabel Kindersley and Barnabas Kindersley. Copyright) © 1997 by Dorling Kindersley Limited.

**Maps:** MapQuest.com, Inc. **Illustrations:** 20 Robert Krugle; 28,132 Meryl Treatner; 34 Marc Scott; 42 Susan Tolonen; 46, 144, 192 David Brion; 60, 124, 161 Diane Teske Harris;74 Stacey Schuett; 86 Ann Barrow; 90 Claudia Hammer; 90 Shelly Bartek; 100 Martha Aviles; 116 Bill & Debbie Farnsworth; 140 Darryl Ligasan; 140 Lauren E. Simeone; 170 Keaf Holliday; 178 Tony Wade; 184 Steven Mach; 186 Amy Vangsgard; 202 Derek Grinnell; 222, 228 Tony Morse; 239 Bill Reynolds; 250, 252 Mark Stein; 273 Doug Knutson; EM Leland Klanderman.

**Front Matter:** H4 (TC) Eyewire, Inc., (TL) Jim Cummins/FPG International LLC, (TR) Jim Arbogast/PhotoDisc, (BR) © Comstock Inc., (BC) Britt J. Erlanson-Messens/ Image Bank, (BL) Stephen Simpson/FPG International LLC; H5 Don Klumpp/Image Bank; H6 Michael Newman/PhotoEdit; H8 (Bkgd) Richard Cummins/Corbis, (R) Patrick Bennett/Corbis, (L) Kelly/Mooney Photography/Corbis; H9 (L) © 1996-7 by Jim Potts, (R) Ron Thomas (1994)/FPG International LLC; H12 Douglas Slone/Corbis

**Unit 1:** 2 Patti McConville/Image Bank; 4 (BC) Joseph Sohm/Corbis; 5 (T) Joseph Sohm/Corbis, (TC) Jeff Greenberg/PhotoEdit, (BC) Thomas Hallstein; 8 Michael S. Yamashita/Corbis-Bettmann; 9 (BL) Coco McCoy/Rainbow, (TR) PhotoDisc, (BR) Chris Rogers/Rainbow, (TL) Corbis; 12,13 Kids Care Clubs; 17 (TR) Max Alexander/© Dorling Kindersley, (BR) Ann Stratton/FoodPix; 18 (L) Rich LaSalle/Stone; 19 (TR) Gail Mooney/ Corbis, (CR) Evan Agostini/Liaison Agency; 22 Lake County Museum/Corbis-Bettmann; 23 SuperStock; 24 (BR) Michael S. Yamashita/Corbis-Bettmann; 25 (Bkgd) Robert Shafer/Stone, (BL) Jeff Greenberg/PhotoEdit; 26 (Bkgd) Bob Daemmrich/ Image Works, (C) Paul Redman/Stone; 27 (CR) Peter Pearson/Stone, (TR) Bill Bachmann/PhotoEdit, (CL) Joseph A. Rosen; 29 Courtesy King Ranch Inc., Kingsville, Texas; 33 (TR) J. Pickerell/Image Works, (B) Bob Rowan; Progressive Image/Corbis; 35 The Granger Collection, New York; 38 (BL) Corbis, (T) Keren Su/Stone, (BR) D Palais/ Art Directors & TRIP Photo Library, (BL) SuperStock, (C) James P. Rowan Stock Photography; 38 (BR) D. Clegg/Art Directors & TRIP Photo Library; 40 Barnabas and Anabel Kindersley/© Dorling Kindersley, Art Directors & TRIP Photo Library; 41 (TL) Barnabas and Anabel Kindersley/© Dorling Kindersley; **Unit 2:** 49, 50, 51 (Bkgd) Frederick D. Atwood; 52 (TL) McCarthy/Corbis/Corbis Stock Market, (BL) Kunio Owaki/Corbis Stock Market, (CL) Joe Sohm/Image Works, (CL) Prescott & White/ Stone; 53 (CR) Joel W. Rogers/Corbis, (TR) Eric Larrayadieu/Stone, (CR) Craig Aurness/Corbis; 55 (BR) Ryan McVay/PhotoDisc; 57 (T) Joe Sohm/Image Works, (C) Yva Momatiuk & John Eastcott/Image Works, (B) Gary Braasch/Woodfin Camp & Associates; 58 (TR) 1995/Charles Feil/Views from Above, (CR) Dean Abramson/ Stock, Boston Inc/PictureQuest, (BR) Catherine Karnow/Woodfin Camp & Associates, (BL) Joel W. Rogers/Corbis; 59 (T) Myrleen Ferguson/PhotoEdit, (B) Dan Budnik/Woodfin Camp & Associates; 62 (L) RubberBall Productions/PictureQuest, (R) David Muench/ Corbis; 63 (T) Heather Titus/Stone; 64 (T) Sondra Dawes/Image Works, (B) Yann Arthus-Bertrand/Corbis; 66 (B) Corbis/Corbis-Bettmann, (T) Marilyn "Angel" Wynn/ Native Stock; 67 (CR) PhotoDisc, (T) Marilyn "Angel" Wynn/Nativestock; 68 Courtesy Stark Brothers Nurseries; 69 (T) Courtesy Washington Apple Commission, (C) John Heseltine/Corbis, (B) Courtesy Washington Apple Commission; 70 Vincent Dewitt/ Stock Boston; 72, 73 Smithsonian Institution; 75 (T) Justin Sullivan/AP/Wide World, (B) AP/Wide World; 77 (TR) Dan McCoy/Rainbow; 78 (T) Robert Glusic/PhotoDisc; 81 C Squared Studios/PhotoDisc; 82 National Park Service; 83 (B) George Lepp/Corbis, (T) National Park Service; 84 National Park Service Photo/United States Department of the Interior; 87 George Rinhart/Corbis-Bettmann; 88 (T) Earth Angels/Courtesy Guardian Angel Settlement Association, (BR) Rebeeca Shelby/Earth Angels/Courtesy Guardian Angel Settlement Association, (BL) Gary W. Carter/Corbis; 89 (B) Gary W. Carter/Corbis; **Unit 3:** 100 (T) Photolink/PhotoDisc, (TC) Jeffry Myers/Stock Boston, (BC) Photolink/PhotoDisc; 101 (T) Corbis, (BC) Randy Jolly/Image Works; 103 (T) Paul A. Souders/Corbis; 110, 111 Courtesy Phoenix Kids Pride Commission; 114 (C) Jimmy Dorantes/Latin Focus, (B) B. Mahoney/Image Works, (T) Greg Kuchik/Volume Series 43: Business & Occupations/PhotoDisc; 115 (T) R. Lord/Image Works, (B) SuperStock; 118, 119 Aberdeen Fire Department, Maryland/© Dorling Kindersley; 120 Amy C. Etra/PhotoEdit; 121 (C) PhotoDisc, (T) Richard Hamilton Smith/Corbis, (B) Inga Spence/Index Stock Imagery; 122 (TL), (TR), (TC), (BR) Courtesy of National Cotton Council of America; 122 (BL) Courtesy Gaston County Dyeing Machine; 122 (BC) Amy C. Etra/PhotoEdit; 126Richard Lord/PhotoEdit; 133 Courtesy of Linda Alvarado/Alvarado Construction Inc.; 134 (BR) Michael S. Yamashita/Corbis; 135 (T) Lester Lefkowitz/Corbis Stock Market, (B) Gallo Images/Corbis; 136 Charles O. Cecil/ Words & Pictures/PictureQuest; 138 F.S. Church/North Wind Picture Archives; **Unit 4:** 147 (Bkgd) John Ne*ubauer/PhotoEdit; 148, 149 (Bkgd) Jeff Greenberg/Photo Edit; 150 (T)* Phillip Gould/Corbis, (TC) N.P. Alexander/Visuals Unlimited, (BC) Daemmrich Photography, (B) Grasser/Mauritius/H. Armstrong Roberts; 151 (TC) The Granger Collection, New York, (T) Vivian Ronay, (C) R. Kord/H. Armstrong Roberts, (BC) The Granger Collection, New York, (BR) David Jennings/Image Works; 156 W.J. Scott/H. Armstrong Roberts; 158, 159 Courtesy, Anna Beavers; 164 (TL) Jeff Greenberg/Visuals Unlimited, (TC) Mary Ann McDonald/Visuals Unlimited, (TR) William J. Weber/Visuals Unlimited, (CL) Andre Jenny/Focus Group/PictureQuest, (CC) Maslowski/Photo Researchers, Inc., (CR) Pat O'Hara/Corbis, (BL) H. Abernathy/H. Armstrong Roberts, (BC) Arthur C. Smith III/Grant Heilman Photography, (BR) Hal Horwitz/Corbis; 167 (T) Mark Wilson/Newsmakers/Liaison, (B) Tom McCarthy/ PhotoEdit; 168 (B) Dennis O'Clair/Stone; 169 (B) Fred Ward/Black Star, (T) Lee Snider/ Corbis; 171 (T) Bettman Archives/Corbis-Bettmann, (B) Corbis-Bettmann; 176, 177 Smithsonian Institution; 179 (T) Corbis-Bettmann, (B) TimePix; 182 (CL) Hisham F. Ibrahim/PhotoDisc, (T) Museum of the City of New York/Corbis, (BL) D. Gaudette/ Stone, (BR) Corbis-Bettmann, (CC) David Jennings/Image Works, (CR) Bettmann/ Corbis; 183 (Bkgd) Archive Photos; **Unit 5:** 195 (Bkgd) Robert Glusic/PhotoDisc; 196 (L) The Newark Museum/Art Resource, NY, (BC) The Purcell Team/Corbis, (TC) The Newark Museum/Art Resource, NY, (R) The Newark Museum/Art Resource, NY; 198 (T) John Elk III/Stock Boston, (BC), (B) The Granger Collection, New York, (TC) Bill Ross/Corbis; 199 (T), (B) The Granger Collection, New York, (C) N. Carter/North Wind Picture Archives; 203 (TL) Phyllis Picardi/Stock Boston, (TCL) Jamestown Yorktown Foundation, Williamsburg, VA (TCR) Marilyn "Angel" Wynn, (TR) The Granger Collection, New York, (CL) Momatiuk/Eastcott/Woodfin Camp & Associates, (CCL) Marilyn "Angel" Wynn, (CCR) Corbis, (CR) North Wind Picture Archives, (BL) Reinhard Brucker/Westwind Enterprises, (BCL) Werner Forman Archive/Arizona State Museum/ Art Resource, NY, (BCR) David Weintraub/Stock Boston, (BR) 1995-2001 Denver Public Library, Western History Collection/Library of Congress; 204 (TR), (BL) Marilyn "Angel" Wynn, (BR), (TL) Reinhard Brucker/Westwind Enterprises; 205 (T) North Wind Picture Archives, (B) Buddy Mays/Corbis; 206 (BR) Dakota Indian Foundation, (BL) Reinhard Brucker/Westwind Enterprises, Werner Forman Archive/Field Museum of Natural History, Chicago, USA/Art Resource, NY; 207 (CR) Dakota Indian Foundation, (BR) Reinhard Brucker/Westwind Enterprises; 208, 209 Smithsonian Institution; 210 (TL) Archivo Iconografico, S.A./Corbis, (BL) North Wind Picture Archives, (BR) N. Carter/North Wind Picture Archives; 211 Hulton Getty/Stone; 212 (T) The Granger Collection, New York, (B) North Wind Picture Archives; 213 (T) Tom McCarthy/ PhotoEdit, (B) PhotoDisc; 215 Archive Photos; 216 The Granger Collection, New York; 217 Stock Montage Inc.; 218 (B) Stock Montage Inc., (T) Museum of the City of New York/Corbis; 221 (T) Michael A. Dwyer/Stock Boston, (B) The Granger Collection, New York; 222 Marilyn "Angel" Wynn/Nativestock; 223 North Wind Picture Archives; 227 (L) Corbis (R) The Granger Collection, New York; 229 (T) Archive Photos, (C) David Ulmer/Stock Boston, (B) Art Resource, NY; 230 The Granger Collection, New York; 231 Corbis-Bettmann; 232 (BL) Bettmann/Corbis, (BR) The Granger Collection, New York; 233 (T) The Granger Collection, New York, (B) Corbis-Bettmann; 235 (T) Hulton Getty Picture Library/Stone; 240 (L) AP/Wide World, (R) Kevin Fleming/Corbis; **Unit 6:** 243 (Bkgd) M. Lee/Art Directors & TRIP Photo Library, (B) Austrian Archives/Corbis; 244 © Klaus Lahnstein/Getty Images/Stone; 245 (TR) Bob Krist/Corbis, (TL) Latin Focus, (BR) Horace Bristol/Corbis, (BL) Austrian Archives/Corbis; 246 (TL) California State Parks, (BC) Spencer Grant/PhotoEdit, (TC) Joel Sartore/Grant Heilman Photography, (B) C. Borland/PhotoLink/PhotoDisc; 247 (C) Gemma Giannini/Grant Heilman Photography, (T) The Granger Collection, New York; 248, 249 (Bkgd) PhotoDisc; 251 (T) Corbis-Bettmann, (B) Catherine Ursillo/Photo Researchers, Inc.; 252 (T) The Granger Collection, New York, (B) David Ryan/ Photo 20-20/PictureQuest; 253 Jeff Greenberg/ PhotoEdit; 254 (BR) Corbis, (L) NASA/Photo Researchers, Inc.; 255 NASA; 256 (BR) Corbis-Bettmann, (BL) Flip Schulke/Corbis, (TC) Stock Montage, Inc.; 257 (BL) Kevin Fleming/Corbis, (BC) Spencer Grant/PhotoEdit, (TL) Corbis-Bettmann, (TR) Rhoda Sidney/PhotoEdit, (BR) Steve Cole/PhotoDisc; 258 (BL) Daemmrich Photography, (BR) Brenda Tharp/Photo Researchers, Inc., (T) © Bob Daemmrich/Stock Boston; 259 (T) Daemmrich Photography, (B) The UT Institute of Texan Cultures, No. 86–400/ Courtesy of the Houston Public Library; 260, 261 Barnabas Kindersley/© Dorling Kindersley; 264 (L) Corbis-Bettmann, (R) Kevin Horan/Stock Boston; 265 (T) David Muench/Corbis, (BR) D. Boone/Corbis, (BL) Donald E. Martin; 266 (B) R. Morley/Photo Link/PhotoDisc, (TR) Bill Ross/Corbis, (TL) C. Borland/PhotoLink/PhotoDisc; 267 (TC) Kevin Horan/Stock Boston, (BC) David Muench/Corbis, (BL) D. Boone/Corbis, (C) Donald E. Martin, (BR) R. Morley/PhotoLink/PhotoDisc, (TR) Bill Ross/Corbis, (TL) C. Borland/PhotoLink/PhotoDisc; 269 (T) Ellis Herwig/Stock Boston, (B) Owen Franken/ Corbis; 270 Charles Preitner/Visuals Unlimited; 271 Peter Menzel/Stock Boston; 272 (BC) H. Rogers/Art Directors & TRIP Photo Library, (TC), (TL) The Granger Collection, New York, (BR) H. Rogers/Art Directors & TRIP Photo Library, (BL) P. Belzeaux/Photo Researchers, Inc., (TR) Photo Researchers, Inc.; 273 (T) Rudi von Briel/PhotoEdit, (B) Jack Fields/Corbis; 274 (BR) H. Rogers/Art Directors & TRIP Photo Library, (BL) Corbis-Bettmann, (T) Lloyd Cluff/Corbis; 275 (L) Gemma Giannini/Grant Heilman Photography, (T) Bill Gallery/Stock Boston, (R) Farrell Grehan/Photo Researchers, Inc.; 276 Charles Preitner/Visuals Unlimited ; 278 Michael Newman/PhotoEdit; 279 (R) Lloyd Cluff/Corbis, (L) Will & Deni McIntyre/Photo Researchers, Inc.; 280 (T) Ewing Galloway/Index Stock Imagery, (B) Hulton-Deutsch Collection/Corbis; 281 (R) Corbis-Bettmann; 283 (B) Corbis-Bettmann; 287 Steve Cole/PhotoDisc

**End Matter:** R12 (T) Prescott & White/Stone, (B) Buddy Mays/Corbis; R13 (TC) Daemmrich Photography, (BC), (C) The Granger Collection, New York, (B) Joseph Sohm/Corbis, (T) J. Pickerell/Image Works; R14 (T) Vivian Ronay, (TC) Eric Larrayadieu/Stone, (BC) Craig Aurness/Corbis, (B) Spencer Grant/Photoedit, (BL) Charles Preitner/Visuals Unlimited; R15 (T) The Granger Collection, New York, (C) R. Kord/H. Armstrong Roberts, (B) Phillip Gould/Corbis, (BC) Jeffry Myers/Stock Boston, (TC) Corbis; R16 (BC) Tom McCarthy/PhotoEdit, (TC) Colonial Williamsburg Foundation, (B) California State Parks, (T) Grasser/Mauritius/H. Armstrong Roberts; R17 (TC) N. Carter/North Wind Picture Archives, (T) Photolink/PhotoDisc, (C) Gemma Giannini/Grant Heilman Photography, (CL)Joe Sohm/Image Works; R18 (BC) The Granger Collection, New York, (B) Joel W. Rogers/Corbis, (T) N.P. Alexander/Visuals Unlimited; R19 (T), (TC) The Granger Collection, New York, (BC) Kunio Owaki/Corbis Stock Market, (B) Thomas Hallstein; R20 (TC) John Elk III/Stock Boston, (T) Photolink/PhotoDisc; R21 (BC) Randy Jolly/Image Works, (TL) AP/Wide World, (TR) Kevin Fleming/Corbis, (TC) Bill Ross/Corbis;